重庆近代城市历史
研 究 丛 书

U0694463

"十三五"重庆市重点出版物出版规划项目

重庆市出版专项资金资助项目

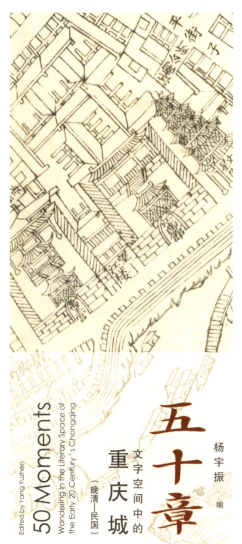

50 Moments
Wandering in the Literary Space of
the Early 20 Century's Chongqing

Edited by Yang Yuzhen

五十章

文字空间中的

重庆城
（晚清—民国）

杨宇振 编

Edited by Yang Yuzhen

50 Moments

Wandering in the Literary Space of
the Early 20 Century's Chongqing

五十章

文字空间中的重庆城（晚清—民国）

杨宇振　编

重庆大学出版社

图书在版编目（CIP）数据

五十章：文字空间中的重庆城：晚清-民国 / 杨宇
振编. --重庆：重庆大学出版社，2020.2
（重庆近代城市历史研究丛书）
ISBN 978-7-5689-1961-6

Ⅰ.①五… Ⅱ.①杨… Ⅲ.①城市史—重庆—清后期
-民国 Ⅳ.①K297.19

中国版本图书馆CIP数据核字（2020）第001728号

五十章：

文字空间中的重庆城（晚清—民国）

WUSHI ZHANG：WENZI KONGJIAN ZHONG DE CHONGQINGCHENG（WANQING—MINGUO）

杨宇振 编

策划编辑：雷少波 张慧梓

责任编辑：张慧梓 许 璐 版式设计：张慧梓
责任校对：张红梅 责任印制：张 策

＊

重庆大学出版社出版发行
出版人：饶帮华
社址：重庆市沙坪坝区大学城西路21号
邮编：401331
电话：（023）88617190 88617185（中小学）
传真：（023）88617186 88617166
网址：http://www.cqup.com.cn
邮箱：fxk@cqup.com.cn（营销中心）
全国新华书店经销
重庆升光电力印务有限公司印刷

＊

开本：720mm×960mm 1/16 印张：18.25 字数：267 千
2020年5月第1版 2020年5月第1次印刷
ISBN 978-7-5689-1961-6 定价：78.00元

总　序

为城市存史

中国城市史学科肇始于 20 世纪 70 年代末、80 年代初,是在改革开放的大潮中伴随着中国经济体制改革从农村向城市的转移而逐步发展起来的。迄今 40 年了。

那时,我们国家工作的重心开始了从以阶级斗争为纲到以经济建设为中心的伟大转折。在中央高层的酝酿下,提出以重庆为突破口,将国家经济体制改革的进程从农村推向城市。这涉及管理体制的重大变革,其中一个设想就是,让重庆市脱离四川省,以新体制来承担改革重任。这在当时是一件很秘密的事。因此重庆市委对外只能提"如何正确认识重庆在社会主义现代化建设中的地位和责任,更好地发挥重庆这个经济中心城市的作用"。围绕这个主题,1982 年 3 月,以中共重庆市委研究室和重庆市经济学会的名义,召开了"发挥重庆经济中心作用讨论会"。会议的议题只有一个涉及历史——"近代以来重庆作为经济中心所发挥的作用",希望以此论证由重庆承担国家城市经济体制改革重任的历史逻辑。会议组织者专门约请专家学者撰写了《重庆经济中心的形成及其演进》一文,用近代以来重庆城市由军政中心转变成为经济中心的历史,对重庆在当时国家经济社会发展全局中的作用进行了初步的论述。随后,《重庆日报》全文发表。由党报发表一篇城市经济史论文,不同寻常,加上坊间传闻的"重庆直辖"消息,引起了轰动。这是近代重庆城市历史研究的先声。大约一年之后,1983 年 2 月,中央批准重庆市为全国第一个经济体制综合改革试点大城市。为了搞好这次试点,发挥重庆作为长江上游经济中心的作用,从 1984 年起,国家对重庆市实行经济计划单列体制,从此拉开了中国经济体制改革从农村到城市转变的大幕。

40 年来,伴随着重庆城市的改革开放、发展进步,重庆城市历史研究取得了巨大的进步,在中国城市史研究领域里独树一帜。出版了《重庆开埠史》《近代重庆城市史》《重庆:一个内陆城市的崛起》《重庆通史》《权力、冲突与变革:1926—1937 年重庆城市现代化研究》《当代中国城市发展丛书——重庆卷》《中国和世界历史中的重庆》《重庆历史地图集》《重庆古旧地图研究》,以及《一个世纪的历程——

重庆开埠 100 周年》、《国民政府重庆陪都史》、"重庆抗战丛书"、《重庆抗战史》、《抗日战争时期重庆大轰炸研究》[1]、《走向平等：战时重庆的外交界与中国现代外交的黎明曙光（1938–1946）》[2]等。

40 年中，成立了重庆市地方史研究会，秉持"弘扬优秀传统文化精神，推进地方历史文化研究"的宗旨，团结培养了一大批在中国史（尤其是巴渝、三峡、移民、抗战历史文化）和中共党史、专门史等领域里成就卓著的中青年专家学者，形成了"讲政治，崇学术，重团结，推新人，出成果，走正路"的优良传统，为重庆历史文化研究的繁荣发展贡献良多。

集 40 年之经验，我以为，以城市史研究和以城市历史研究为己任的学者，只有与城市的命运紧密相连，休戚与共，才会有蓬勃的生命力和持续发展的动力。

近年来，重庆大学出版社提出了编辑出版"重庆近代城市历史研究丛书"，并被批准为"十三五"重庆市重点出版物规划项目，获重庆市出版专项资金资助。这是重庆历史学界，尤其是近现代史学界的一件大好事，是面向下一个 40 年，重整行装再出发，继续为中国的城市发展提供历史借鉴和学术支撑的重大举措。

"重庆近代城市历史研究丛书"首先确立学术性的定位，即以科学的态度、求实的精神、学术的理论方法来研究城市的历史，努力揭示其发生发展的规律，而不是宣传性、普及性读物。第二，强调原创性的品质。努力开拓研究的新领域，史料的新披露，理论和方法的新运用。不炒冷饭，不做已有成果的简单重复，努力在现有基础上再探索、再深入、再创新。第三，坚持高水平的追求。确立以原创为目标，以研究为基础，以创新为追求的丛书特色，严格审稿标准，实行匿名评审，保证公正和高水准。这是为了在新的历史条件下展现重庆近现代历史研究在新观点、新材料、新方法方面的新担当、新作为、新水平，

---

[1] 该书随后获国家社科基金中华学术外译项目资助，以《重庆大轰炸研究》为名，2016 年在日本岩波书店出版日文版。
[2] 该书英文版，2018 年由荷兰博睿出版社出版。

努力贡献新时代的标志性成果。这种高水平的追求，还有助于在重庆形成包括文献、国际、建筑、文物、影像视角在内的不同的研究群体，完善重庆历史研究的学科结构，进而形成重庆历史学界的新版图。

"重庆近代城市历史研究丛书"，在选题上继续关注传统史学的重大领域，尤其关注那些至今尚没有系统成果的重要领域，比如城市空间、金融、新闻、地图、国际文化交流等；从微观视角入手，研究那些具有典型重庆个性现象的历史领域，比如防空洞、码头、兵工企业等；还从新的史学研究前沿切入，比如用影像史学、数字史学、心理史学、遗址遗迹考据的方法等，研究重庆近现代历史；还期待对独特的城市档案（如巴县档案）和海外史料新发掘基础上的选题。

"为城市存史，为市民立言，为后代续传统，为国史添篇章"是我们研究城市历史的理念，也是我们 40 年前出发的初心。

不忘初心，方得始终。

与作者们共勉。

2018 年 7 月 23 日
于十驾庐

想象之城

重建一座面貌丰富的

《100 像》和《五十章》是《历史与空间：晚清重庆城及其转变》一书的延续，是我试图以内陆城市——重庆为研究依托，理解自19 世纪末以来国家和社会现代化转型的一部分工作。《100 像》按照时间过程，从晚清到抗战结束，将文字解说与历史图像结合起来，提供重庆城近代发展过程的 100 个"面相"。然而我很清楚，再多的"个像"都无法完全还原历史的真实，但尽可能多的"个像"却有助于摆脱虚空的想象，多维拼贴、共构出贴近历史真实的可能性，也可能从丰富、细腻的具体"个像"中理解国家与社会转型的结构性关系。"个像"的模样尽可能类型丰富，而不是同质重复。日常生活中的衣食住行、苦乐悲欢，旅外留学生在城市对比中的呼吁，过客的感受、经验和描写，地区与国家的政治变动与城市受动，以及交通网络的变化、城市面像的历时改变、特别事件与人物、抽象结构与具象事物关联变化等都是我关注的，也体现在"100像"的选取中。在具体写作过程中，我根据手边现有的文献，特别是历史图像材料，调整了内容的选取。我在《历史与空间》的后记中说，"能不能利用这些图像资料，结合历史文献的研究，从不同方面拼贴出一座想象之城？能不能将人们生活的状态与城市的个性结合在一起，思辨两者间的关系？能不能同时从结构性和细微之处来看这座城的历史呢？"《100像》是对这些问题的回应。希望这种文字解说和历史图像相结合的方式，能够使读者阅读愉悦，读之有益，读之有趣。

《五十章》是在对大量的历史文献梳理中产生的。重庆是个生动活泼的城，但如何具体的生动活泼，显然缺少必要的整理。在我读大学的时候，沙坪坝南开步行街里还可以摆摊设点，有不少街头书摊。我曾在书摊上买过一套上下两册的《北京乎》。我很是喜欢这套书，至今还摆在床头随时翻阅。2003年春到2005年冬我在北京工作，《北京乎》里各位名家的文字，常使我遥想旧时的北京状态。《五十章》里的文字选择，却不必然是名家的，也不是完全的散文体。我的目的在于通过这些历史文字的编汇，用鸟瞰和游荡的方式，和《100像》一起，重建一座面貌丰富的想象之城。这当然是一种不能实现的野心，却是值得做的事情。另外，我对城市历史地图有着深厚兴趣。《五十章》里各章间插入了尽可能与选编文字相应时期的重庆城历史地图（重庆市规划局、重庆市勘测院编撰的《重庆历史地图集》和蓝勇教授主编的《重庆古旧地图研究》两书提供了研究的便利和指引）。我期待读者在阅读各章时，能够文图对应，建构自己的想象之城，游荡在地图里的街道中，去感受彼时城市的这样或那样的状态。

这里要致谢重庆大学出版社的雷少波、屈腾龙、孙英姿、张慧梓同志,是他们的督促和努力促成了《历史与空间》《100像》的写作,《五十章》的选编。特别要谢谢张慧梓同志在编辑过程中的耐心、细心和辛勤付出。也要谢谢协助我进行文字选编和图像处理的诸位同学。这三本小书是我一段时期研究重庆城市历史的小结。虽然我生活在重庆,但对重庆并不很了解。我想这是大多数人的状况——并不了解生活着的城市。历史研究是理解城市的一种方式,是试图超越日复一日劳作空间限制的可能。我想,也还可以有其他的路径值得探索。

杨宇振

2019.11.6

1. 按照时间顺序，选取从清末到抗战结束期间与重庆城发展相关的重要文稿。文稿长短不论，但要一定程度反映彼时重庆城丰富和复杂面貌。

2. 稿中选用各时期的城市历史地图尽可能与相邻文稿内讲述的时间贴近，以便读者阅读时查对。

3. 书稿的编纂尽量尊重原文和历史用法，如"那""哪"，"的""底"等，但是有些明显的疏漏或者与今天的用法差异太大的还是更正了。

4. 标点符号，在保留原文用法的同时，在有利于阅读的情况下，按照现代用法修改了小部分。

5. 所有文稿尽量按照原文原貌呈现，但是个别根据当下要求做了少量删改；部分文稿为节选。

6. 为方便读者查阅资料，在每篇文末注明原文的出处。

目录

▲
▲

重慶府全圖

北

南

重庆府

▼

从夔州府到重庆府，先过万县，万县是水路通衢，烟火万家，市廛数里，一向是繁要地方。城西有座西山，据说是李太白读书处，又叫太白峰。次过忠州，有唐贤白居易、陆贽的旧居。即秦良玉，也是忠州人氏。过此以往，水折而南，道经丰都县。这县是因丰水平都山得名的，可笑那种小说家，附会丰都城阎王小鬼、阴山地狱等不经之谈，把他来恐吓愚民，不知是何居心。又次之过涪州，过长寿县。涪州是因涪陵江得名，长寿有那秦皇造的、巴寡妇的女怀清台（史记）。一路上说不尽的滩险，共计大滩二十一，小滩六十有三。自从巫峡到巴峡，水程有八百余里。遥见塔影凌空，来此已是重庆府城外了。

这重庆府，在春秋时，属巴子国，所以附郭首县，是个巴县。他府城东南北三面临江，是嘉陵江和大江合流的地处，势据险要；他城墙是依著山脚造的，城垛是依著峭壁修的，竟是个天造地设，不假十分经营，形势极其雄壮，又极其险固。譬方门户，巫山县的巫峡，是第一重，巴县的巴峡，是第二重，无怪重庆是个有名重镇。他那烟户万万千千，市镇上来来往往的不绝，真不愧为川东的一个大都会。至于出产，有金铁各矿，煤矿尤遍地皆是，丝绸呢，有巴缎，那是四远驰名的，川盐也是个大宗，药材出得很多，单举他贵重的，犀角麝香，丹砂白蜡，运销外路的不少，还有种渝酒，是渝水酿成的，很有名。他那本地人善歌舞，世所传说的巴歌渝舞，确是实有其事。看这光景，重庆是个极热闹极繁华的地方无疑了。

自从那年，英国和中国订立《烟台条约》，把重庆开作通商口岸，以后外国人，在川河里，测量水道，又议改造浅水的一号汽船，无奈有滩险节节阻碍，终不能见诸实行，现在我中国已赶筑川汉铁路，将来落成后，商务定然日盛一日，这是确有把握的啊。

（作者不详. 地理科：第二十五课 重庆府. 河南白话科学报，1908 年第 26 期）

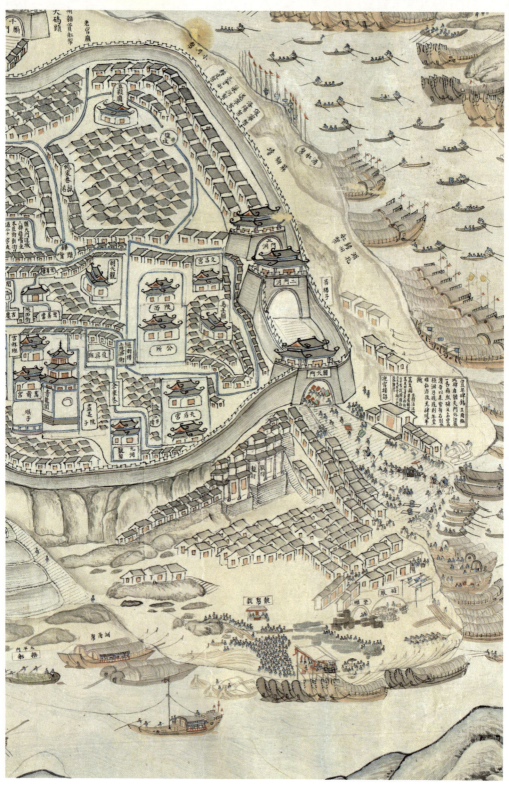

渝城图 1（局部）

2

重庆商界宜崇节俭说

▼

　　当商战剧烈之时，谋挽回利权之计，非扫除浮华、力崇节俭不为功。何言之？盖节则量入为出，而事非有关大局，断不能为；俭则实事求是，而一切无益浪费，在所必省。有一钱之资本，即有一钱之利用，减一时之挥霍，即留一时之正需，家如此而家可富，国如此而国能强。商界若是，而商业未有不振兴者。故不言商战则已，如言商战，必先以节俭为战具，振兴实业为基本。或曰：西哲有言，愈奢侈愈文明，是文明为奢侈之果，奢侈即文明之因，华商因陋就简，惟恐其不以奢侈为先，又何必谆谆告以节俭为不。知中国无自治资格，不足以进文明，无文明程度，不足以言奢侈，盖奢侈即寓于文明之中，文明不出乎节俭之外，循序而求，当亦知所先后矣。

　　重庆商埠，虽为天府名区，然时至今日，人满为患，生计日蹙，纵有大宗生意，半属东西洋货，我渝资本大家，俱代作销货店，而为异族奴隶，求以土产易他人之金钱，制造挽外溢之权利，已寥若晨星不可多见。使循此不知便计。异日铁路交通、轮船开驶，洋货之来源愈多，土货之抵制愈难，财力窘迫之现象亦立见，至斯时而始筹良法挽救，恐我渝商之命，已悬于他人手腕矣。

夫重庆商埠，无上海之繁盛，而商人崇尚美丽，则步步学上海，如饮食衣服婚娶丧葬，皆不惜罄中人数家之产，以博流俗观美，此真贸不知天矣。近日我重庆虽设商会，开裁判，兴各项工艺厂，以为弥补之计，然潺湲之水，安敌东西洋之海潮汹涌而来，况今日各项公事，经济俱形困乏，已有岌岌不可终日之势。噫，商业变迁，赚折既无一定，财货匮竭，进口日益加增，使商人犹不洗刷曩日之习惯，去繁华，尚诚朴，将虚费之资财，作公益之实用，则巴渝财政之窘，有不堪设想者矣，试约略言其奢侈之大端如左。

重庆至今日，风气已经大变，人心浮靡，徒事外观，故酬酢往来，虽登峰造极，而心犹以为未足，此真黄金之掷于虚牝者也。近日日本凡亲朋婚娶丧葬，除登门贺唁外，并无礼物相馈，即时岁伏腊，亦彼此无请酒之事，古道淳风，令人钦佩。如我中国习俗相沿，应酬固不可少，然亦不可过奢。义所当为者，虽万钱不为多，义所不当为者，即锱铢亦即省，况重庆商界之所为，非必不可缓者也。彼培德堂、张家花园、桂花园、老君洞、骆公祠等处宴会，大都属逢场作戏，游玩陶情，并无所谓切己之关系。间尝调查该数处宴饮，年中所费已属不资，今以此有用之金钱，消于酒地花天，何如稍为撙节，移作实用之为愈也，或曰征歌选妓，酒食争逐，原为商界所难免，然虽难免，亦贵有节制，有操守。试观世之溺于女色，而少年得病，酣于花酒，而致败声名者，比比皆是。即自开字号，不惧訾议，然人之精神有限，苟于风花雪月之地，刻刻萦怀，七红麻将之场，朝朝托足，迨日暮方归，神已怠倦，始秉烛而检查往来账目，稽核各种支销。当此疲敝之余，难免无丝毫错误，是既因花酒而耗散有限之精神，复因花酒而放弃无穷之权利。一念之奢，弊至于此，尚望诸君细思之。

先哲云，居无求安，是建造房屋，不过避风雨而已，奚用高楼大厦，画栋雕梁，取法西式，以徒饰观瞻为也。恒见渝中商界，不惜重资，专求宫墙之美富，甚有制造西房洋楼，涂粉施丹，罄家产以从事，此真大惑不解者矣。语曰，勿营华屋，诸君岂亦未之知耶。

衣服一项，虽人生不可少，然吾重庆陋习，被罗衣縠，披裘着狐，而心犹不以为佳，必争尚新奇，穷奢极欲而后快。至闺中少妇，不知银钱艰难，衣服首饰，件件模仿下河新派，其耗财尤属巨窦。重庆绅商，其亦知所返否耶。

梨园一部，动须千金，而渝商不以此为无益，反谓是为足乐。一日之中，戏场数处，一年之内，糜费难稽。倘积此种款项，以经营大商业，组织大公司，则效果虽不可必，而亦未始无小补也。

婚娶庆吊，本吾人酬酢之常，然吾重庆浇风，一男婚，一女嫁，一寿筵，一丧葬，每有虚张门面，致罄资产而不自觉者。噫嘻，世界繁华，转眼皆空，仔细思之，应亦自悔其所作之无谓也。至三月清明上坟，七月中元化帛，十月施送寒衣等迷信，烧钱化纸，荒烟乱冢，一望俨若火焰之山。此虽曰报亲，然此荒渺无凭之举，既无历史之可征，又无事实之可指，此亦费之属于虚耗者也，愿明理有识诸君子，一共挽此颓风也。

以上数项，不过渝埠奢侈之风，署指梗概，其中可省之端，尤在各人自为警省，而鄙人则不能确指也，勿谓日用饮食，往来酬谢，其细已甚，于我实无有损，夫绳锯木亦有断之时，水滴石亦有穿之时，诸君谅早知之。

夫天与人有三宝，曰时，曰力，曰财。今渝商专崇奢侈，则费时消力耗财，举所以立身，所以经商之三要素，扫地以至于尽。商业乎，商业乎，商业未有不退化者也，且今日之世界，以商战分强弱之世界也。欧西商人，戴月披星，日不暇食，逞其以商灭国之手段，直欲夺人之生计财产，而为之租界，故趁一刻千金之时，行一日千里之路，研究计学，以与我争衡。而我乃从容雅步，废有限之时，疲有尽之力，耗有用之财，以从事于奢侈场中，而无所悔。度量相越，何若是其远也。嗟乎，往事已矣，来日方长，尚愿商界诸公，不以余言为鄙陋，尽弃前日之积习，以力崇节俭、提倡公益、振兴实业为事，是则吾所馨香祷祝也。

（作者不详. 重庆商界宜崇节俭说. 重庆商会公报, 1908 年第 88 期）

渝城图 2（局部）

3

重庆商会办学之认真

▼

　　重庆府商会所办之商业学堂，学科不甚完备，本年协理赵芝生君，添聘教员，一切学科认真，学生亦严淘汰。各州县分会，纷纷申送学生来学，现已七八十人，该校进步，于此见一斑矣。

　　遁庵曰：士农工商，各界皆以学为本，而商界为尤甚。自光绪二十九年，设立商部，并饬各省设立商会，目下报部者约二百余处，不可谓不盛矣，而不闻有一二实业家，卓卓然系中外之人望者，则商学之不兴也。无商学则商情必涣散，商德必堕落，商业必窳陋，而欲与泰西大经济家，有教育、有手段、有经验者，驰逐于商战世界，难乎不难？重庆商会，能知注重此举，诚可谓探骊得珠，知所先务者乎。

（作者不详. 重庆商会办学之认真. 华商联合会报，1910 年第 7 期）

重庆府治全图（张云轩，局部）

游老君洞

——在渝城南十五里

▼

萧公权

蜀中饶山壑　往往多雄奇　无论山大小　皆足快心脾
其间最秀者　巍巍有峨嵋　峨嵋远难至　道险路复歧
不如游近郊　亦有山与巇　山上有古洞　不知何代遗
世传柱下史　昔曾游于斯　传闻讵云真　景物自堪怡
闲来约良朋　乘兴一登兹　出郭十五里　忽闻水溅溅
扁舟小于叶　渡我过江湄　登岸才至麓　顿有山林思
褰衣徐步上　渐与世相辞　但爱邱峦好　不觉筋力疲
过旁多老树　偃蹇疑蛟螭　低枝拂我裳　高枝碍我颐
翠荫纷交加　暗不见晨曦　行尽蚕丛路　始见山门楣
回望上来处　壁立千仞危　我以游观来　艰险了不知
想彼跋涉者　定复多怨咨　人云蜀道难　此语良不欺

入门无直路　蟠典兼嵌崎　苍苔深设扆　碧蒻垂髯髭
中有老道士　鹤发神仙姿　为我前引路　曲折相追随
首至大殿外　金碧耀华榱　仰观琉璃瓦　俯登琼瑶墀
殿中栋峨峩　鬼工镂尨夔　振衣拜殿前　云幕清风吹
旃檀焚浓雾　幡盖相纷披　中塑聃叟像　永为道教师
当日一卷经　遂令千载垂　洞即在殿后　仿佛见沦漪
下视黝然黑　寒噤冷不支　云是百尺渊　未敢细瞻窥
次登后殿堂　幽景更相宜　不辨草与木　只觉青迷离
随山起楼阁　依壑为陂池　朱轩夹苍岩　掩映色参差
岩上生异草　中多五色芝　前人好诐媚　贡贺陈诔词
岂知天地大　何奇不有之　愚主信为瑞　颂扬良可嗤
殿后有古井　无水苔藓滋　投之以小石　硻然闻竹丝
上有青石嶂　旁立白玉碑　字迹已泐剥　苤苗篆其眉

山半既游遍　　鼓勇登高陕　　小径随山转　　隘窄不容骑
疑与天相近　　足下云漫弥　　天风吹我鬓　　神爽忘午饥
微闻寺下钟　　隐隐度层棿　　已非尘世境　　何处啼子规
俯首阚渝城　　小于水中坁　　白烟濛濛起　　千家正午炊
长江如细带　　高树似新荞　　万象在目前　　千里任指挥
即此堪纵目　　何必登九嶷　　山后一临望　　危巅压陡崿
古木不知名　　矗矗森戈戣　　眺赏意方惬　　攀援兴未衰
落日催我还　　金镜下崦嵫　　余霞明檐角　　暮烟笼殿帷
相呼共返城　　欲下步迟迟　　好景随时足　　苦我多绊羁
安得脱尘网　　来此长邀嬉

（萧公权. 游老君洞——在渝城南十五里. 清华学报，1919 年第 4 卷第 8 期）

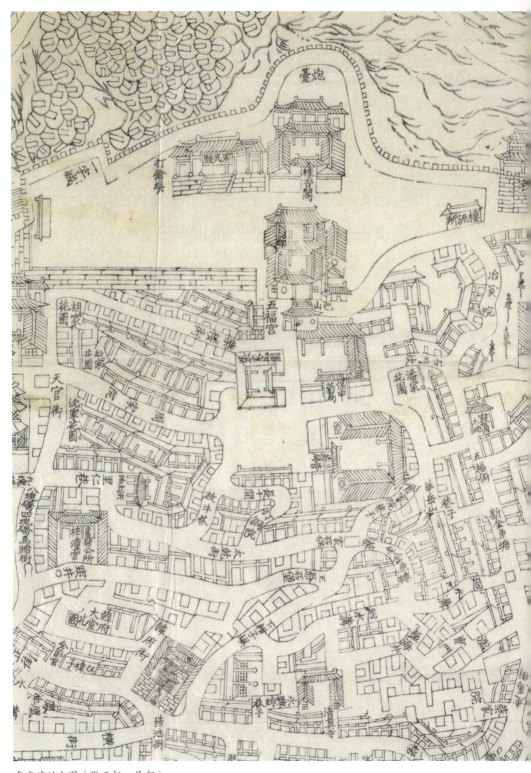

重庆府治全图（张云轩，局部）

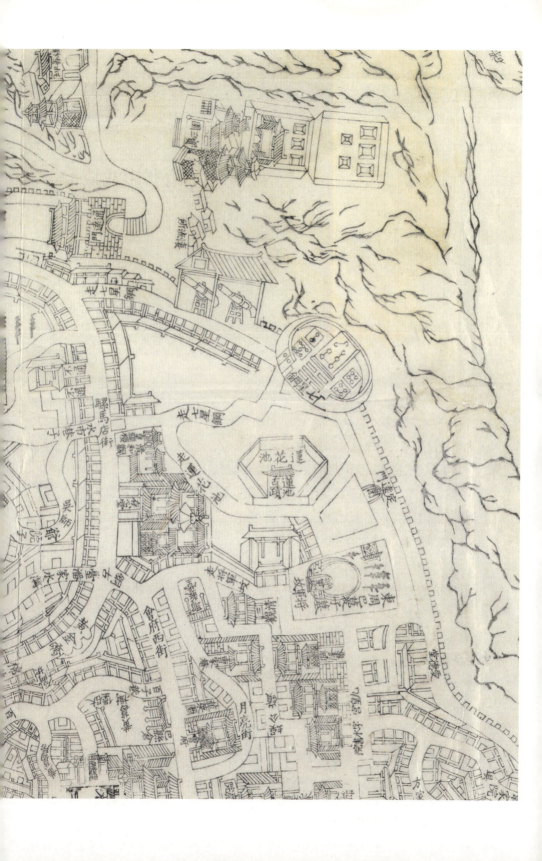

5

渝州影戏谈

▼

刘玉笙

年来吾国影戏事业，日渐发达。自制影片，亦与泊来者无异。癸亥春，余旅行沪滨，在恩派亚大戏院，观最近上海影戏公司所摄之"古井重波记"一片，诚令人叹观止焉。此片不特编辑完善，布景适宜，而于光线之清白，扮演之恰当，尤为吾国自制影片中所仅见。观此余为吾国影戏前途，甚抱乐观。虽然，西蜀地处边邑，又为夔峡所阻，一切文化事业，均难输入，是以影戏一事，亦鲜有人提倡之。

民国一二年间，始有西人某，演影戏于戏园。不过略映三四本而已，且片子尽皆魔术滑稽之类。蜀人因系初见，亦已称为绝妙之品矣。

后二年，蜀人之喜观影戏者渐众，始有人注意此业者。斯时遂有一涵虚电影场之设，完全放映影戏。惜该场资本短少，不能租置长码佳片，所演者，亦不过滑稽杂志而已。致未半年，即宣告停演焉。

昨岁重庆开办青年会。该会讲演部，有影戏一举，所有影片，系该会总会特制，用作传播之具，环寄国中各省各区分会映放，取价极廉，惟每礼拜六晚始得开演。虽片子较渝州历来所演，为较有情趣，然总多含有宗教意味，令人看后，觉有千篇一律之憾。

此时又有一光明影院发现。营业与从前涵虚同，不过所演之片，较为可观。本年新正，该院特在申租"雪山侠客"影片，来渝演映，颇得蜀中人士之欢迎。因此又提高蜀人兴趣不少，是以该院，现又拟在申租佳片运渝演放云。

渝州影戏事业，尚未发展，所有开演者，亦仅青年会及光明电影院二处而已，且历来影片说明，多系英文，开演时须一人代为讲解，观者始能了然。总之渝州影戏事业之兴败，此刻尚不能断定。吾甚望提倡社会教育者，速起图之。

此文将脱稿时，忽光明电影场，发生一事，颇有记载之价值，故特录之，以告读者，聊作影戏界之新闻。因重庆光明电影院，近由上海英美活动影片公司，贩运欧战"德国大秘密"影片来渝，全部计三十一本。演放将已两周，影片已演至十三本半，忽来一德国人，谓此种影片，关系欧战，不应演放，嘱令立即停止，言词激烈，气愤填胸。该院职员，当以婉言解释，谓影片布戏，全属过去历史，在英美影片公司，制造之先，依照法定手续，已由英美教育部注册立案。京沪各地，早已映演，不独重庆为创演等语。来人瞠目无言，悻悻而去。至晚即纠结数德人，暗藏手枪在身，乘坐客鼓舞之际，鸣口笛为号，高声乱吼，秩序大乱。即将台上布帏，乘势抓下撕毁。一时坐客大惊，纷纷出园。该院经理邓介眉，以德人此种行动，虽出于爱国之热忱，然不向英美影片公司，直接交涉，实属横蛮无礼，傲慢已极，不惟妨碍营业，抑且有辱国体。除园内茶碗捣毁不计外，所有损失影片一本，牵涉全部精华，计应损失价值洋一千二百元。闻已将捣毁及损失情形，呈报重庆城防司令部，转关监督，请予严重交涉，令饬倍偿，以维营业而保国体云。

（刘玉笙. 渝州影戏谈. 最小，1923 年第二卷第 57 期）

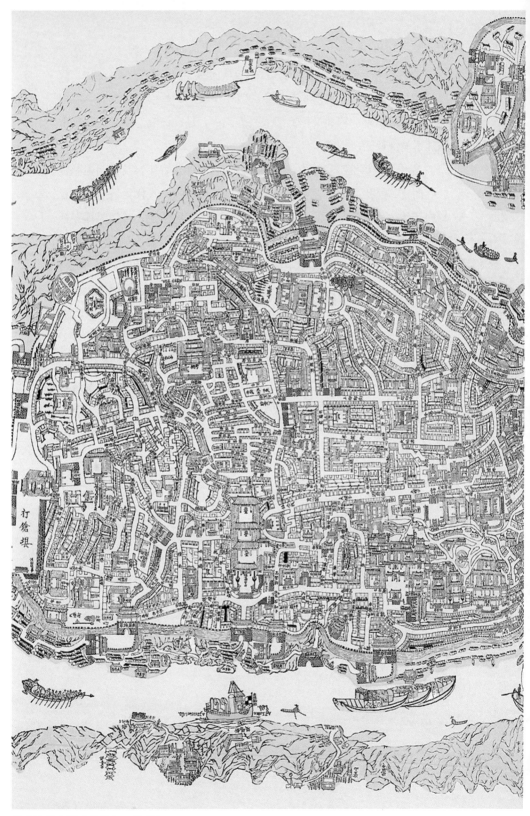

增广地舆全图（刘子如，局部）

6

三年不见底重庆

▼

宁达蕴

余与重庆别，将三年矣，驰骋南北，奔走东西，京华寄迹，武汉栖迟，每值乡念之动，辄怀故里之思，方谓何年何月，始克再睹巴国胜景，何期四八佛日，幸获重返渝州故庭，快也何如，乐可知矣！

余返重庆，住不两旬，感受各方情形，脑中模糊记忆。值兹会报出刊，聊草数行以献，于以见年来吾川社会之现象，日趋愈下，真有不堪回首之慨！吾辈留学在外者，当思有之挽救之方也。

余返重庆所见之情形，可分六项，列述于次：

（1）人民之现象

余于本年旧历四月一日，由汉搭轮西上，佛生日（四月初八）抵重庆。由宜昌上驶时，沿途搭客，川人居多，余数年在外，处川人式的社会既疏，忽遇多数川人，尤异已返家乡，乃细心考查各个行为，借欲验识人民现象。考查结果，颇失所望！始意以为川民年来经过各种思潮，进步多矣，乃萎靡状况，不殊往昔！乘船之客，烟哥过半，苍白面色，瘦骨难堪，烟盘铺地，吞云吐雾，意若甚得，所乘之船，为美国商办（船名大来裕），外人经前，嗤鼻冷笑，恬不知耻！烟气腾腾，煞令人厌，而彼辈何知他人之难受，公共道德毫无半分，更有几位丘八大哥，烟盘大张，霸占横强，以为自己伟人也，孰敢与我对抗，睹斯情形，直欲钻地！

川省各级人们，率皆智识短浅，目光如豆。各种事业，均鲜发展。曾忆前两年报载川省一时举办什么马路，什么市场，需款不知若干，实际都归幻影，吹牛大王，川省人亦不亚于人也！然有人则云：此因政治关系，故未能实行，异日当可见诸事实。……唉！见诸事实这句话，余亦深所企望也，第恐此话终成一句话，则川民之痛苦，更不知若何结果也。

余在重庆，见闻所及，无一可差适人意者，奢靡之风俗，诈伪之手段，萎靡之气象，令人视之，直不异入一鬼域！一般人士，多惟物欲是求，鲜有识人生为谁何者，吁！可慨矣。

（2）政治之腐败

我国中央政府，即不堪言矣！讲到各省，尤为难说，吾川更为难说中之难说者。去岁川省制议省宪，卒鲜成功，盖政治中心纯以大强盗式的军阀为转移，甲派胜则为甲派之政治，乙派胜则为乙派之政治，且彼等之所谓政治，完全共同分赃，大刮民膏之政策。余在重庆见报上登载各县人民之呼援，抢天吁地，惨不忍闻。而所谓各强盗式的军阀伟人，有一真实的对于小百姓加以援救者乎？彼等日惟想方设法，尽力充满自己的私囊，大吃大喝，滥嫖滥赌，身体则鬼王一类，行为则禽兽不若，佛所谓之阿修罗（魔王），彼殆无少异也。余非无故肆口妄骂彼等也，彼等中人，亦会有亲友向余道及，自谓彼等所为，诚属大伙强盗之类。因不如此，则生活不能解决，自困于穷途也。嗟嗟！生活问题，诚大矣哉！

川省年来因兵戎频兴，庶政俱以废驰，政治一时固难有清明之望，所苦者我七千万之同胞，不知何日始有安宁过活之一日也。

（3）军人之恶劣

军人者，最可厌之物也，因其凡百行为，无一不令人痛恨，无一不令人伤心，战争时，彼辈奸淫掳杀无论矣，即在平时，彼辈之所为，何莫非伤天害理之兽行。彼辈唯一所恃，则五子枪，连珠炮，等等之杀人物件！吾川军人为尤甚者，且举余在重庆时所自睹之事证之：

一日者，余经行重庆某巷，见数军人，入一人家，肆口詈骂，情势汹汹，若欲动武，该户仅婆媳二人，不识因何开罪于彼辈。细探其故，则因该户之媳，稍具姿色，彼辈见而心狂，以其僻巷无人知，即欲逞其野蛮行为，以调戏良家妇女，孰意事不如愿，经该户婆媳严词拒绝，并责以种种言词，致触彼辈之怒。若非邻人挡阻，该户婆媳不知又须受若干之毒拳也。嗟嗟！养军人所以卫国，乃国不见其卫，只见彼辈之横强妄为，孰谓军人而可饶恕者？即此一事，亦足见吾川军人之恶劣不堪也，其他种种无理行为，尤难胜数。哀我川民究罹何辜，频遭兵毒，无亦业力之所惑矣，浩劫重临，吾川民亦当知所忏悔也。

（4）教育界之怪剧

四川最无"人格"之省也，军人政客等之无人格无论矣，以教育界何等之尊严，何等之高尚，若于"人格"而无之，其他各事，尚堪问耶！余抵重庆时，正值重庆"学潮"炽盛之际，联合中校因校长问题，闹出极不成事之笑话，迎拒两派，各出其卑鄙之手段，公然以学校作战场，短兵相见，极尽野蛮。以更换一校之长之问题，竟可不顾一切而为之，人间世尚复知有羞耻事耶！故余对于重庆教育界之忠告：诸君应自思所处地位，非同寻常，以为人表率之人，而毫无表率之行，乡人父老，以子弟相属，又何必多此一举，转不如不识不知不求学之为愈也。联合中校而外，若巴县中校，川东师校等，余亦曾闻因校长问题，发生排挤倾轧之举动。夫吃饭地方，正多多矣！何苦如厕所中之粪蛆攒来攒去，识者以为甚无意味也。

（5）学生界之智识

川省学生界之智识，素称幼稚，判决力既不甚强，冲动性又复易起，近数年来因感受外面之新思潮，于是乎而讲究各种主义者，一时风起水涌，不可遏止。见杂志上有所谓"安那其"之说者，不顷间而无政府之体团随地以起。……耳食牙慧，毫无研究，竟以革命大家，社会党人自命，无识之甚，可笑可怜。余此次返渝，得与故友数人相晤，中有某君旧同学也，在昔同窗时，乃一忠实君子，数年别离，则复非前日之某君可比，盖某君现亦治"安那其"主义者也，聆余在外治佛学，颇不以为然，某君之意，以为佛学乃消极厌世者之所为，青年胡应治此。余固与之谈佛法恐不易了解，叩以所治"安那其"之宗旨，及进行之计划，某君瞠目良久无以对，吁！可怜甚矣。如某君尚稍具脑经之青年也，其智识且如是，余则更可想见。可悲哉，川省学界中之智识！

（6）商业之状况

民国以来，川省兵灾，无年或息，百业因之废理，商业何能整饬，余在重庆时，曾闻亲友中之治商者称，商业状况，苦不堪言，市面萧条，生意冷淡，实未有甚于近数年者，且也筹饷之令，不绝于门，中等商号，直濒破产，殷实商家，不知倒塌许多也。

以上所叙六项，不过仅就余在重庆两旬间之所感受而记之，其他所感受之事迹，尚复不少，因时间无多，暂不备录。

一九二三，七，十，于北京

（宁达蕴. 三年不见底重庆. 巴县留京学生会会报，1923 年第 1 期）

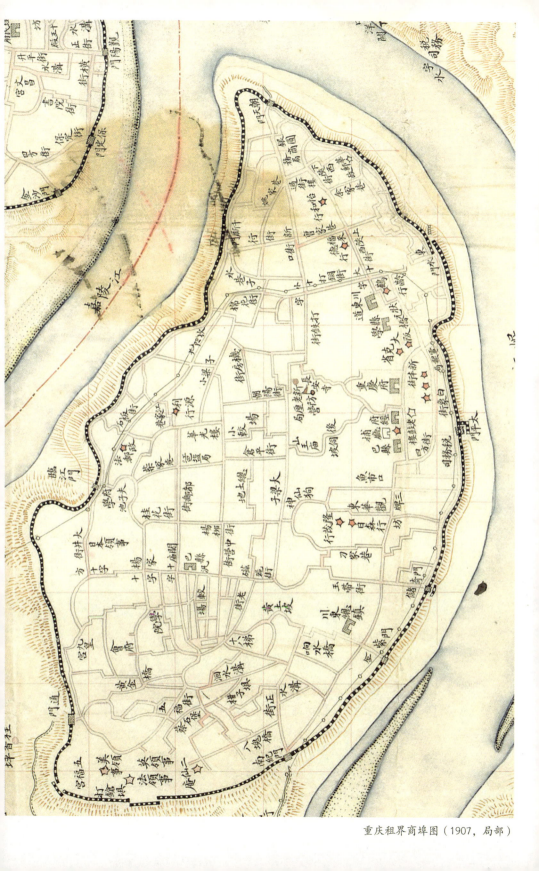

重庆租界商埠图（1907，局部）

为他动的人口集中都市敬告川中当局

▼

胡鹤如

人口集中都市，在外国是一件很平常的事，并且有时还足以远证他们工商业的发达，国家的文明进步，原无所谓自动和他动的介说。但是他们人口集中的现象，是缓进的，是有理性的，是以后的我，要想比现在的我加增愉快。我们四川人口集中都市，是急进的，是无理性的，是有田不得耕，有房子不敢住；为免掉生命的危险，明明是个坎，也得要闭着两眼往前跳；那谈得上什么愉快？——像这类的人口集中都市，是受环境压迫才铸成的；所以替他下个介说，叫着"他动的人口集中都市"，不同此类的，叫着"自动的人口集中都市"。

"自动的人口集中都市"，在社会上发生什么影响？对于国家是利，是害？现时各国学者，对于此点，还没有一个定论，中国更谈不到！惟有那"他动的人口集中都市"，可以断定他是害无利！并且有极大的害！这现象，限于中国——尤其是四川特殊的现象，外国很少看见，可叹许多人还没有梦想得到！所以特地把他标题出来，略加评论，望川人多多注意，他的危险，及早杜防！并敬告川中当局，明瞭这危险的病源，赶紧设法补救！兹分论如次：

一、自动的人口集中都市

事物的变换没有止境，人的欲望亦没有止境；今天的快乐，也许是明天的愁苦，此地的愁苦，也许是彼地的快乐；这种同情心，人们都难免掉。欧美各国农民，也常有此类趋向，认定都市的愉快，较胜乡村，工商业的愉快，较胜农业，因此跑到都市去的，很是不少。考德国人口统计：在一八八〇年，都市约 41.4%，乡村约 58.6%；到一九〇五年，便一变为都市 57.4%，乡村 42.6%。美国人口统计：在一八八〇年，都市约 25.8%，乡村约 74.2%；及一九〇〇年，都市便增至 37.3%，乡村则减至 62.7%。不过他们集中都市的现象，是很安静的，是想达到自己的最大欲望。其原因可分为下列数种：

（一）人工农业趋变于机械农业的结果

人工农业，是最粗笨，最不经济的农业；一般农民，因守旧心重，常常不肯采用新法。及科学发达，物质日进文明，机器可以代替人工，此类农夫，渐归淘汰。据最近欧西一般学者推论：用机器耕作，最普通的，一人作工，足可以抵当十人，其他的九人，被排挤改入工业或商业一途，势不得不集中都市。

（二）工业发达工价提高

因时势趋向，人类的需要增加，不同往昔可以耕织自给；专靠田间的原产品，是不能满足人欲，于是促进工业的发达。工业愈发达，工价愈提高，又因谋合作的利益，一个作工的，常要与他个做工的谋合作；这群作工的，常想与那群作工的谋合作；以图节省机械，劳力，资本，于是相率集中都市。又因为一个农夫的耕作，非常呆板，譬如今天这块土种下种籽，至少要待三两月才可望收割；要遇天干，水旱，虫害，生意了发外，那就更苦。缘此，一般农夫，无论"自作农"或"佃农"，总觉束人太紧，不及工业那样活动；并且作工常在屋子里，受冻受热的时候比较少，工作的报酬也比较多，时间又短，所以许多农民受工业发达的影响，跑到都市去。

（三）交通便利产业发达的影响

社会上作业的情形，虽各不同，总不能脱掉金钱主义！社会的金钱，是无法推算的；人的欲望，是无法制止的；在这无法制止的欲望中，要想寻一条比较容易得最大报酬，容易发达到极限的路，除了商业，没有比他再活动！农业，最呆板不过了。经营商业的人，常常可以得到资本外的几倍利息；经营农业，很少利息超过资本的时候。又因为运输方便的关系，商业便于发展个人作业，易于自由贩卖，时间较短，劳力较少，收效也快；一般农民资本雄厚的，因此常常改营商业，移到都市去。

（四）都市生活愉快

乡村生活，每不免失于"简单"，"寡趣"，不及都市地方的"娱乐"，"便利"。在都市愈大的地方，这类场所愈多，愈感觉便利。什么戏园哪，公园哪，妓馆哪；以及菜市，肉市，茶舍；酒舍，……各样俱全，只要有钱，那怕一年半载的光阴，糊里糊涂就混过去了。这生活何等愉快！许多土财主心眼活动的，常想跑到都市去享受享受。

除了上述四种，还有两项比较次点的：（一）都市的文化较高，如图书馆等多设在都市，因想受较高的文化，便移到都市去。（二）因课税的关系，城市作业的活动产，比乡村耕种的不动产，容易偷漏课税。

关于"自动的人口集中都市"的研究，各国学者著成专编，积千累百，各有偏见；算是农业上，社会上，急待解决的一个重要问题，非是三数行字可以讨论终结的。作者以其并非本题的主要论点，只得提纲挈领，作后篇一个反证，旁的未便赘述。

上面几种，都是"自动的人口集中都市"的原动力。我们四川人，请将上面叙述的几点，覆按一下：看我们四川人口集中都市，究竟属于上述几项中的那一项？谈到耕作，梦见过机械没有？大工厂、大公司，有几个？工价算不算提高？前几年红得很的商号，都纷纷倒闭，上下船也不易走动，有钱的商家，早已收拾起来，看这种生意还好不好做？铁路，马路，轮船，安置齐备了没有？交通，敢不敢说便利？像成都、重庆，……那样的龌龊生活，连一个公园，和高尚的游艺场所都没有，配不配说愉快？讲教育的机关很少，输入的文化，也很有限！加以满城烟云，近两年来，抽大烟简直当着招待品，那个想濡染文化的优秀分子，跑到这里来吃肮脏空气？课税一层，在四川算是同声吃苦，乡有乡税，城有城税。加以近两年来，一般狡猾官厅，看见都市的人一天多一天，又比乡民有钱百倍，更想出许多法门来：什么保安税嘞，户口税嘞，警捐嘞，门牌捐嘞，军队借款嘞，接二连三的课征。可怜住户一气歇一气的奉承，动辄限三天，限五天，还要拘禁住户，房屋充公；任你一千八百，早已调查清楚，你能设法偷漏吗？都市人民受了如此痛苦，正在无法逃避；乡民们不顾这都市人民想设法逃避的痛苦，竟毅然，决然，一个个大胆跻进城来，自然更有比那都市厉害百倍的痛苦。这便是本题所应当讨论的地方。

二、他动的人口集中都市

国体变更以来，川人所受痛苦，不是瘟疫，不是天灾，全在这万恶的"兵"和"匪"生活天天提高，人民颠连无告，社会常发生动摇的现象，都缘人口集中都市，地土荒弃。人口为什么集中都市？就是这万恶的"兵"和"匪"所迫成的！就个人见解所及，关于"他动的人口集中都市"，可以分论如下：

（一）驻扎民房

四川的战事，比别省都多，并且专是四川人打四川人；所以每次战争一开，动辄延长战线数十里，或数百里。两方居住民房，专供两方军队行营。存储米粮，一律报效。尝有甲营占据之民房，败后，又被乙营进据。辗转蹂躏，民不聊生，不得已变卖产业，迁入都市。

（二）军人拉夫

有长流不息的军人，便有长流不息的夫役；这类夫役的供给，什九都是农民。往往遇着农忙时候，农夫因充夫役，失掉耕作，致减少一部或全部的收获。更有那军队利用夫役冲打前阵，或以小利诱他当兵，因此丢却身命的。一般农民各个视为畏途，只要有强勉可以撑持个人生活的其他职业，即愿意跑到城市去，免掉种种危险。

（三）不能及期收获

农民经过长时间的经营，花了许多资本劳力，才有收获的一天；遇着军事发生，如玉米、柑蔗、柑果之类，可以随便取用的，军队一过，自然准保无余，至如饲养牲畜之家，一时苦于无法销售，也只得任随军人暴弃。惟有稻麦一类作物，军队麻烦取用；但到收获时候，遇着战事一开，枪林弹雨中，各人奔命不暇，万难及期收获，因此发生意外损失，如生秧，虫害，鸟害，病害……在在不免。农民劳苦一年，遭受此重大损失，因而呼号丧命者不知多少！那能不跑到城市去逃命？

（四）溃军和土匪的横行

四川军队本来就同土匪没有多大区别！——军队多半是招抚的土匪，土匪又多半是溃散的军队——经一回战事，便要发现出大批的军队和大批的土匪。四川出匪著名的地方，如马腿子，黑脸观音，沙蟆沟，黄葛树等等，早年就被匪霸据了，附近一带，除了通匪人家，简直人烟断绝。巴县四乡，算是离重庆很近，官兵不少，但是一百零八场，数得出几场没有土匪？有钱的绅士，自然一齐搬进城，仗外国领事的余威，来保障他，那没钱的农民，随着进城的，也很不少。关于匪患一层，限于本题，不能十分讨论；下面随便节录最近四川日报上登载军匪的几段故事，可以证明四川土匪的猖獗，人民不能不纷纷移到都市去。

（1）巴县土桥太平等处，有土匪二千余人，奸掳烧杀，惨不忍闻。又白市驿，凉风垭一带，强匪聚集。

（2）永川东门外，突来股匪百余人，掳强旅店商号一空。

（3）江北猫溪桥地方，突来土匪多人，将来往行人的行李抢去。

（4）合川北城南津街，二月二十一日被匪掳劫一空。

（5）璧山二月中发现巨匪数百人，将城内外居民掳抢一空。

（6）江津猫儿峡，匪棚林立约五十余座，有位石罗汉的队伍，强了大烟船，白腊船，盐船多只。

（7）彭水土匪横行无忌，行人断绝。

（8）綦江县属四处，俱为匪域，仓储空虚，即业农之家亦皆播种无从，竟有乏食之患……今次之匪，比之往常大不相同，在往昔之匪，必择肥者而拉之；今则不管肥瘦，碰着就拉，甚至乡村人家，只要家储数升米者，均有被拉之资格……

——节录《新蜀报》

年来关于兵和匪猖獗的情事，四川各报上所报露的，不下数千万起；还有那明是官兵，硬干土匪的事，和明明是土匪，偏扯作官兵的榥子，各家日报所不及载，也不敢载的，更不晓得有多少？要是有人把他汇载起来，做部兵匪合刊，我想今天充本题铁证的地方，更较不少。可怪四川人祸不到头不自觉！一般愚民，不用说了；就是立在智识阶级的人，看见这乡的百姓，一天少似一天，城的百姓，一天多似一天，有几个料到会发生这大危险？又有几个是在替小百姓打主意，自己不做那赶百姓进城的事？谈来真是可叹！

三、他动的人口集中都市的危险

前章述的，是"兵"和"匪"的如何迫逼人口集中都市？以下再将人口被迫集中都市的危险，略说一说：

（一）扰乱社会平衡

都市的人，比乡村的人道德心薄弱，——这句话是各国学者所公认的。在平常一个人见异思迁，要想到都市去干比较乡村愉快的事业，那影响还小；要是一个种地的人，被环境压迫，不能种地，突然跑到城市去，他既没有别的职业，也许不能作别的职业，整天无事，坐吃山空，小之，替社会上添个穷民，大之，为社会上造成孽种，影响社会，实在不小。重庆成都……一带城市里的乞丐，犯人，流氓，近年来不知比从前加增几倍？此外有一字不识的富家翁，在前当乡绅，倒还安分守己，忽然迫他搬进城去，竟发现出许多花钱的方法来，也就乐与为坏了。还有那做正当职业的人，因为人满为患，常常失业无归，发生许多剧烈竞争。因之纲纪败坏，秩序紊乱，社会安宁，不能维持，不闹到接二连三的发见出无限社会问题来，不能罢休！——这都是人口被迫集中都市的恶果。

（二）生活提高影响国民经济

人们一天离不掉的衣食住三者的来源，大半出在乡间。一个人离开了产生衣食的乡间，来到消耗衣食的城里，不做衣，不能不衣衣；不生食，不能不食食；来源既断，只好仰给别人。一个如此，两个如此……衣的人食的人一天一天多，造衣的造食的一天一天少，结果供不应求，生活提高百倍。即以重庆而论：在前十几文制钱一挑水，一百二十文制钱一斤肉，一吊二百钱一斗米，现在怎么样？从先三十几个钱一尺布，三个钱一子线，现在怎么样？从先城内的房子，长五间，有厅房，还有小天井的，每月不过十大块钱，现在怎么样？是不是食的人，衣的人，多过造食的人，造衣的人，生活提高起来——生活提高，大大影响于国民经济；一个国民劳苦的代价有限，又常有失业的时候，生活不住的提高，并一天也免不掉，就是有职业的国民，也往往不能维持自己生活，漫说供给一家大小七八口人——吃三碗饭的量，吃两碗，便要号饥，穿棉的时候，穿夹的，就得叫冷；一旦劳苦不能维持生活，国民的经济预算，大受打击，势必纷纷想寻一条别的路来走走，社会上因此发生动摇现象。

（三）激起劳农问题

因四围的压迫，一方都市澎涨，他方农村衰落，都市愈澎涨，农村愈衰落，最后致农民不能维持原有业务。在佃种农多的地方，佃农一定缺乏，地主若要自己耕种，事实上又断难做到。在自作农多的地方，则可分为两项：

（A）地面褊小的。虽不必仰给他人经营，但面积既小，不易满足家族需要，并且自己也很流动，也很愿意到都市去。

（B）地面宽大的，需用工人定多，自有的劳力不够分配，若要雇用劳农，必得厚给工资，希图羁绊，屡屡得不偿失。

有此两种原因，致惹起劳农问题，发生田园荒芜的情事。就目前看，四川的人，虽是年年自己打自己，冤死得不少，究竟比别处还多，这问题也许一刻不能发见。可死一个，走一个，总要少一个；天天死，天天走，也走不到几年；反正这问题前后定是不免，何不及早注意？

（四）地土荒废减杀土地之生产力

乡村农民，大别为自作农、佃农两种。佃农避军队拉夫，常常跑到都市去干旁的事。自作农既自有田土，总算中人之家，已取得土匪拉肥的资格，因避土匪，又不能不移进都市去。田土愈多的农民，避匪愈厉害，即有一二苦寒农夫，还敢在乡下耕种，也多半得过且过，敷衍了事，资本，人力，件件缺乏，对于整地，播种，施肥，中耕，……这一类的手续，绝少按步就班做去。加以这种农民，得利很薄，因兵匪的关系，许多贵重副业，也不敢作，长期作物，也不敢种。——恐怕还没有成熟，就遭劫了，——久之，熟土变成荒山，还谈得上辟尽地力吗？四川的战事，一年至少有几次，一次至少得延长战线数百里，附近一带的农民，谁不遭这祸殃？试想：一般乡民，受得了这痛苦不？禁得住他不搬进城去吗？

四、救济的方法

人口被迫集中都市的害处，既有种种，我们应该如何设法补救他？这便是作者要敬告川中当局的几句话。分录于下：

（一）裁兵

四川的兵，从来没有统计；自民国初年以到现在，年年有加无已。有枪支，有子弹，有历史的正式军队，至少在十师左右。合那乱七八糟的混成旅，独立团，游击队，边防军，……凑合起来，足够二十余万人。内中强盗也有，土匪也有，泥水匠，裁缝，痞棍，……诸色俱全。扎一个地方，害一个地方；过一处，扰一处；一个四川人，未曾受过四川兵的痛苦底，简直可说没有！前编所说"他动的人口集中都市"的原因，大半都是他们铸成。试问一个四川有多大出款？安得上整千整万吃人的兵吗？可恨大批军阀，个个靠兵做护身符；有几百兵的，好自当他的团长；有几千兵的，好自当他的师长。只要内部不起争端，兵不流散，得意时，固然横行全川；失意时，也得霸据一方。谈到裁兵，他们口头上，告示上，何尝不大吹特吹：甲打胜了乙，发两篇废督裁兵的通电；乙打胜了甲，也照样通电废督裁兵；骨子里可四下招抚，希图膨胀他的实力。——像这类大大小小的军阀，四川足有几百个；像这类废督裁兵的空话，谁也听厌烦了。在这种恶政府下面，要想废督，从何废起？要想裁兵，从何下手？唉！四川的战事，一年两年，断难平息！小百姓要想陡然免掉痛苦，真是万难啊！

在这裁兵万难之中，谨代表一般受尽痛苦，被迫已集中，或将集中都市的人民，诚诚恳恳，敬告当局：你们既不肯裁兵，也当整顿军纪！你们从不替小百姓设想，也得顾虑自己养兵的军饷的来源！——田赋——千万农忙时，别要打仗！动兵时，不乱拉夫！不要强驻民房！不做那土匪干的勾当！

（二）剿匪

川人受祸之深，第一自然是兵灾，第二就得数匪患。那怕匪避匪逃往都市去的，比较还算知机；此外还有许多人，因为家的人口太众，或者没有活动产，过不起城里边奢侈生活，只好住在匪世界，听其自然底；可怜一遭匪劫，闹得倾家破产，无可依归。加以匪窟无定，最难防御，团防不足以抵敌；除了官派正式军队前去兜剿，简直没有别法！但是四川官兵剿匪，又常常免不了下列数事：

A. 军队还未到匪窟，先就与他送信，让他避开一刻。

B. 因团防和地方居民的请求，万不得已，与匪接触时，当向天空放炮；结果两边不见死伤，专拿"匪徒闻风逃窜"几个字缴票。

C. 双方因交涉未妥，或奉了千分之一长官下命认真剿匪，不得已正式交锋时，官兵反打败仗，夫掉许多子弹枪支。

D. 战事未告结束，两方各派大爷管事……等出头和解，纳钱许多，便行罢战。

E. 派去剿匪的军队，多半都是往日被军队剿的匪，并且尽是些义字号，礼字号的哥老。常常藉剿匪的机会，放两排枪，便报销耗了许多子弹；暗里可接济匪徒，预备自己加入的地步。

上述几种，不过举个大概；还有那在前当匪首，现在居然当团长、旅长；在前是团长、旅长，现在也快成土匪的；不可胜计！靠这样的军队来剿匪，岂不是根本错误吗？

在这剿匪万难之中，谨代表一般受尽苦痛，被迫已集中，或将集中都市的人民，诚诚恳恳，敬告当局；匪的祸患，百倍洪水猛兽，千万认真设法痛剿，派军队剿匪的时候，请首先考虑这被派的军队，有不有上列五项情事发生？军队剿匪发现通匪的证据来，应该处以匪刑！

（三）四乡设防固着农民

"固着农民"，在农业政策上算是一个顶重要的问题；寻常应该从知识，娱乐，组合，……各方面入手。此处所谈的，是在特殊情形之下，含有保护的性质；务使一般农民，不致流难失所，被迫集中都市。固着农民的要诀：就是不等到土匪来了，才去想法子痛剿他，未来时，就得要他不敢来。望督军师长们，把拥以自雄的军队，散扎四乡，藉此并可减少许多争端，免除许多误会。譬如某场某运驻防，扎住朝宇官地，既可免霸据民房之嫌，又可藉以保卫农民。某场发生强劫，便由该场驻防军队负责；让这批整天吃了饭不做事，专在城内打轿夫，闹妓馆的军队，也替小百姓多少造点幸福。

人口既因兵匪的原因，才集中都市，现在我们要想补救，不从自身着想，偏要向着兵匪谈那"裁兵""剿匪""设防"的话，岂不是空言无补吗？不过现下四川的世界，是兵和匪的世界；兵里边自然多半是匪，究不能说兵都是匪；反正我们总认定兵比匪好，我们总希望兵不是匪。至于组织民团，本是自卫的好法子，我因为这是向着百姓说的话，此处可以不提；并且民团的困难，首在枪枝，子弹，无的，不足以抵御；有的，又常有被军队提取的危险；此处亦可以不必提！

关于本题的因和果，我已说得不少了，现在为提醒观众起见，再总括几句，作为本题的结案：

人口他动的集中都市的结果，不但田土荒芜，赋税无收，并且扰乱社会平衡。敬告川中当局：从不替川民设想，也该为自己养兵的饷项的来源打算——军费，占全省经常岁支之重要部分；田赋，占全省经常岁入之重要部分——督军也罢，师长也罢，请趁早放下屠刀，替川民做一点人道上的事！多种善因！少造恶果！敬祝幸福无量！

（胡鹤如. 为他动的人口集中都市敬告川中当局. 渝声季刊，1923 年创刊号）

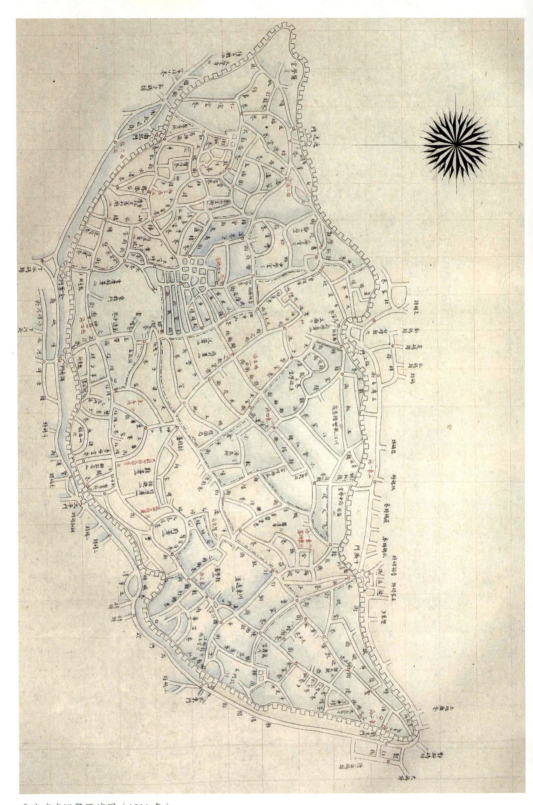

重庆府城巡警区域图（1911 年）

对于重庆"商""埠"的感言

▼

邓大鸣

伯量借我《渝声》一巨册，且嘱为发表意见。我觉得近年以来，旅外同乡，能够互相团结，对于那老不进化的桑梓，作一种指导和提倡的工夫，以期增进公共的福利，这算是一椿很可乐观的事情，兹谨将我一时的直感草率写出，以求大家的指正。

重庆为我国重要商埠之一，且雄据长江上游，为西南各镇之冠，惜乎人民过于故步自封，凡事不求整理，我虽有好多年没有回去，想必进步也十分有限，其应兴应革之处，在在皆是，若逐项列举，则其说甚长，请单言"商"与"埠"。

第一"商"。我是个学商的，对于此层，略可供一些意见。本来照普通的说法，须得工业发达，商业才有根据，因为须先要有成品，然后才有交易，而重庆之交易，则仅以原料品之输出为大宗，同时承销外货之力亦甚强，因之每年营业总量，亦竟超过数千万元以上，倘若善于整理，利源亦正可观，可惜本地商人，都无远大之志，重要营业，悉操于少数洋行之手，真算一庄很大的损失。商人的职务，是在根据供求的定理，移动商品的位置，其精敏之手续，则贵在直接求诸生产者之手，而复直接脱售于消费者，免去一切居间人之渔利，以期获得最高之利益，斯为得计。倘若昧于商场的消长，茫于售购的位置，蝇利是图，唯他人之马首是瞻，结果未有不被人操纵，而致失败者。且近年以来，经济之进化，日泄千里，各种大规模组织之涌现，真为人梦想所不及，吾人很了然大资本兼并小资之自然律，即正如乡俗所谓大虫吃小虫之老土话，若不急起直追，吾恐若干年后，本地土商，无复有立脚之地矣。兼之我国商务，大为条约所限，外货入口，除完纳值百抽五之税以外，毫无其他杂费，通行内地而无阻，若华商之货，自上海至重庆，所完厘费，比外货为高，反之亦然，即重庆之货运至上海比直运欧美所纳之税，反为加重，因此外人得阨我之咽喉，而囊括膏血以去。补救之法，亦唯互相联络，组合较大之商号，自行设庄欧美，与外人并驾齐航，寇能往我亦能往，所谓失之东隅收之桑榆，庶几能挽回利权之万一而延续我国商业之寿命。欧美商律，对于华商并无何等限制，此中准备，只须组合较厚资本，培植少数人才，即能办到，是望有职者之亟起图之耳。

至于商人道德之提高，商号内部之组织，商标牌号之整理，商会商联之改良等，均相随并重之条件，宜随时加以注意焉。

第二"埠"。重庆街市之肮脏，居民之密度，交通之不方便，凡我所经之城池，无有出其右者，逐处均在整顿之列，比方：

（A）埠的建筑。重庆三面环水地方太窄，宜建筑飞桥或地道将南城坪觉林寺江北连成一气，南纪门外之沙滩，宜填平，并将内流截断，建筑新式商场，船坞堆店，宜概归入打鱼湾或觉林寺，重庆本埠，只能作交易之中枢，改建旧有街道，利导阴沟修理河堤等等。

（B）埠的交通。重庆坡坎，有如香港，是宜大加整饬，以利交通。首宜修筑电车，以朝天门为起点，一由陕西街绣壁街穿南纪门而入新式商场，一由打铁街上大梁子而达打枪坝，一由临江门直至曾家岩，至于后市坡十八梯等地方，得于坡坎高处，修筑升降梯，以资方便等等。

（C）埠的卫生。如：（一）安置自来水以充饮料；（二）检察贩卖食料小商；（三）建设公共医院；（四）修盖公园；（五）改造毛房等等。

此外如（D）埠的教育（E）埠的秩序（F）埠的慈善等等不胜枚举。

总之凡事贵在"作"不贵在"说"，且有许多地方必须因时制宜，不能先行说定。上面所述，不过略及大端而已，按能负整顿商埠之责者厥为市政厅及商会（或商埠督办），是望大家不时督促，如有寸进，未必非重庆商埠之幸也。

（邓大鸣. 对于重庆"商""埠"的感言. 渝声季刊，1925 年第 6 期）

新测重庆城全图（1912，局部）

9

兵匪横行的四川

▼

戴季陶

　　这十几年来，四川的乱，可算极了。遍地兵匪，连年战争，无论甚么人，没有一个可以安全的方法，没有一刻能够安全的机会。前年第三次东路战后，永、荣、隆内，一带繁华的地方，完全成了"夜不闭户，道不拾遗"的景象。因为沿东大路几十里内，没有一间完全的房子，兵队所过的地方，凡是人家的门窗板壁，都被军士们打作柴烧，弄到无户可闭，人民的财产，损失得干干净净，那里还有可以遗失的东西。

　　在这一个兵匪横行，劫掠焚杀，肆行无忌的境遇里面，过了十几年的人，人性完全消失了，种种罪恶，都暴露出来。人类的道德，差不多要扫地以尽。因为各人保存自己发展的欲望，丝毫不能够在社会秩序里面进行，所以父子兄弟朋友亲戚的关系，也就完全失了效用。大家尽量的各自混战，但能满足自己的私欲，无论甚么罪恶，都肯去犯。尤其是直接在政治上军事上行动的人，这种性格的表现，最是明了。为达他们的目的，甚么手段，都不怕使用的。一面大家讲朋友，换兰谱，吃血酒，一面就在准备打仗，这是很普通的事情。要说到信义两个字，是绝对没有的。且看今天川军各部的将领，他们没有一个不会互相打过几仗，也几乎全都是互相换过兰谱，结过兄弟，做过同志。

在这一种社会里面，甚么关系还可以说得上相信呢？靠法律吗，法律当然是早没有了效力；靠道德吗，道德更是故纸堆中的废话；靠人吗，早上是朋友晚上就是仇人；靠家族吗，不是同床异梦，便是同室操戈。大家到无路可走的时候，强者便靠自己的腕力，杀人放火，无所不为，弱者便只有靠神佛的力量，作无形的信障。迷保的发达，就是为此。

（戴季陶. 兵匪横行的四川. 湖州月刊，1925 年第 2 卷第 2 期）

嘉陵

子

新测重庆城全图（1912，局部）

重庆市面各项情形报告书

▼

朱汝谦

重庆为四川中心，西南重镇，变通便利，商务殷繁，非仅为全省进出口货物集中之地；即川康滇黔数省，亦皆以此为必经之要道。自一八九○年订约开埠以来，华洋互市、轮舶辐辏。据近年海关报告，每年进出口额恒达一万数千万两之巨。吾人证以川省经过十数年之战祸，而元气迄未大伤，足见川省地力之厚，出产之丰。迩闻蓉万马路，亦将动工。如此路一旦通车，则川西北及川康之货物，必在万县转口。重庆之地位，自不免稍受影响。但以重庆市面历年之进展，当无若何关系也。重庆今称巴县，昔有古渝州之名，现亦简称渝城。谦以创办重庆平民银行之故，旅居是者将近两载，兹承区经理介公之嘱，因以见闻所及，为述大略于后，至于走马观花，有所难免，祈恕浅陋为幸。

交通

宜昌为川省门户，水程距渝一千八百里。洪水时期，只须三日半可达，下水一日半；枯水时期，则上水五六日，下水二三日不等，大概须视各轮之马力而定也。重庆距蓉（成都）一千余里，陆程八九日可到，水程须趁轮至叙府，再至嘉定，然后乘舆至成都，为时亦须七八日之久。近闻蓉渝交通已有成渝马路之建筑，惟因各军互怀疑忌，各在防区内分段建筑，未能连贯，如将来全路告成，则蓉渝直达，只须一日有半，较之现在七八日之路程，其难易奚可以道里计耶。刻闻渝綦马路，亦将兴工。此路由重庆至綦江，可以衔接贵州省道，从此重庆贵阳间之交通，行见大畅。至于昔年筹创之川汉铁路，历经蹂躏，一时决无复兴之望。惟最近国府派人测量，则有钦渝铁路之创议，其计划将自广西之钦州，直达重庆。一则工轻易举，需款不多，二则使重庆接近海口，进出口货物较为迅捷，足以提高重庆在西南之地位。至于其他省道与乡村马路之建筑，现正方兴未艾。省内各军，均各装置无线电台，重庆亦有两座，可发商电。省内各县，则仍利用有线电台。刻闻中国航空公司已有开办沪蓉航线之决议，重庆且为航线中之要站。此举果能实现，则沪渝五千余里之路程，一日可达，其便利为何如耶。

人口

据今春当局之调查，全城内外共有十余万户，人口五十余万人。

市政

年来重庆市政，亦于全国建设声中，渐有进步。沿江码头之新式建筑，已有数处。城内外马路亦已建筑不少，二三年内全城干线可望成功。从此车辆往来、追踪沪汉、吾人将不辨其为坡坎不平之重庆城矣。重庆自来水之筹备，已历数年，现正修筑水厂、安置水管，成功之期，当亦不远。至于电灯电话两项，早有设备，惜均腐败不堪。去年电灯经市府一度整理，稍放光明，惟电话因用户太少，不易整理。渝市公安事宜，向由城防部公安局团务局负责，平时尚称安宁，稍遇意外，即难维持也。

教育

重庆教育，尚称发达，惟经费不足，不免因陋就简。刻有各项中学十余所，小学数十所。学费一项，大多由银行代收。去年新创重庆大学一所，开课已及一年，刻在嘉陵江上，划地数百亩，将以分建各科教室，预计秋后，可建一部，将来办理得宜，定可造成一西南最高学府。

政治

欲论重庆市面情形，不能不涉及川省之政治军事。良以川省、军政与商业之关系，较任何省分为重也。以论川局，则十余年来循环战争，迄未宁静，军各有区，政亦分歧。自十七年冬刘杨一战之后，下东方面全入刘湘（二十一军军长）势力范围以内。数年来逼于潮流，不得不从建设方面着手，于是各军亦于防区内竞以改良政治为标榜，尤以刘湘一区以真实服从中央自许，故区内政治，形式上亦多遵照中央命令办理。惜军人多干涉政治，不能澈底改良，仍多黑暗耳。去年川省政府一度成立，只以利害冲突，党派分歧，多数委员迄未就职，故成都省府亦徒有虚名而已。以现状而论，川省欲求统一，势难办到，惟一军区内之政治，则已渐次统一矣。

军事

川中头层将领为刘湘、刘文辉、邓锡侯、田颂尧、杨森、刘成厚等数人。各人均有驻防区域，拥有相当之实力，内中要以两刘为最强。而刘湘尤以驻防下东之故，收入丰富，兵精粮足，且以拥护中央，年来补充械弹，购办飞机等等，均足以增长实力。其他各军，虽均不能忘情于下东，屡欲借端攻击，但限于中央命令，又惮于刘氏实力，故尚能保持和平局面于一时。一旦省外稍有变局，则川战爆发，亦为意料中事。川中军人野性难驯，一言不合，动施野蛮，年来逼于物议，稍为敛迹，较之七八年前，亦已稍讲情理矣。

财政

军饷之来源，第一为税收。川省税收之繁苛，捐税机关之林立，稍知四川情形者，莫不叹为观止。即重庆而论，一物之进城必须经过十余处之验征，去年始由当局将各处税收机关合并为一税捐总局，联合稽征，商民称便。其次如监税附加、特税、灯捐等等，均为大宗收入，不足之数，或派垫款，或发公债。每年筹派款项，以重庆一市而论，常达数百万或一二百万不等。一遇战事、敛征尤重，往年政府对于此种派款，事后皆置诸不问，近来亦已仿效中央筹款办法，勉于事后按期分还，以昭政府信用。不过筹款数目，愈筹愈多耳（现在预征粮税、已至民国廿四年、较之川西北军征至三十四五年者、又属稍胜一筹也）。

金融

四川金融状况，甚属不良，币制之紊乱，成色之低劣，各省各地均叹弗如。据海关报告，川省每年入超须在四五千万以上，原有袁币、均已尽量运往省外。重庆一市，除流通巨额之纸币以外，尽属劣质之货币。据闻化验结果，纯银不及八成，铜币每元可换十五千余文，每枚铜元作二百文行使，然其大小合与汉上行使之二十文铜元相类似。最近币量愈轻，盖已装运汉口铜元，从事改铸也。四川全省，自来通用九七平银，每元折合七钱一分，列为定价。近年因银元太少，稍有用途，动须贴水，每千贴十元三十元不等，然亦无正式行市，不过随买卖者之议价耳。以前亦会有人提议改开洋厘，或正式贴水，以免争执，终以违反潮流，未能实施。重庆之金融季节，原为每年阴历三四月与八九十月，惟以近年战事关系，进出口业务不能依时发动，而筹派巨额垫款，亦足助长银风之紧俏，以致金融之紧弛，每出常轨，在市面银风最紧之时，每比竟至二十或十八九两之高（川省市面均依比期收交，每月二次，即十五三十两日，每比十八两，即划月息三分六厘，俗称短期放款），尚难用进，有时银紧互达三四比期之久。际此时节，长期放款（即放三四月期者）已无人肯放，即有，亦须月息贰分左右，方肯放出。近年钱公会一遇银紧，随即发行信托券，虽无大效，亦可稍资救济也。在银风最松之时，亦有短期二三两，长期五六厘之市。据历年平均利率之统计，约为月息一分三四厘，而其所以骤紧骤弛之故，良以内地存银干枯，交通不便，金融散集，均感困难也。又重庆汇兑一项，以申汇为最大，汉汇次之。十五年汉口封锁现金以后，进出口行商均已直接申汇，故汉汇已成强弩之末矣。重庆申汇，每以银风及进出口为转移，银风紧俏，申汇必跌，故往年三四月之交，申汇必跌至九百三四十两，九十月则趁水势未枯，预进明春货物，则申汇必涨。近年以入超过巨，存底不丰，故常有银汇两俏之时，民十三齐庐之战，申汇曾涨至一千一百七十两之高，历年最高与最低之纪录，竟达二百五六十两之巨。昨今两年，申汇最低不过九百八十两，且如昙花一现，瞬即转回平过以上，以近年出超之不振，汇市当以涨势为多，即平过以内之行市，亦鲜希望也。且年来申汇已为重庆商场投机之唯一目标，申汇分远期近期两种。远期可做三四个月，最长亦有五六个月之远。重庆习惯，须于申票到期前一个月，由卖家交付汇票，临期亦可以照市交转，与上海之证券买卖，无多差异，且申汇不须保证金，故投机之风，得以大盛，一日间之行市，常有二三十两之涨落，多空两方，亦有数百万而至千万之进出，操纵垄断，骇人听闻，是时钱业公会之紧张状态，殊不亚于目前之金业交易所也，而况申汇之投机，不仅限于银钱两业，即大小字号，亦多经营此项副业，故行市之涨跌，殊难可以常理捉摸。往年川帮在沪，信用尚佳，每一庄客，（即驻沪经理）常能用进三四十万之多，钱庄字号，每多赖此为周转之用，昨前两年，尤为极盛时期，全帮用款总数、以五六百万计，自去腊宏裕事覆以后，申欠迄无办法，今春继之者又有三四家，于是信用尽丧，申款转期，毫无希望，加以重庆倒闭之钱庄字号，已达三十余家，倒账总数亦达三四百万，市面混乱，不堪设想。且大难当前，人咸戒惧，盖军队驻防既久，每与当地大卖，深相结纳，其中竟有一二银行钱庄监号等，有借垫至数十百万之巨，关系既密，即难摆脱，一旦军事发生不测，则牵累全市，影响必大，势将致重庆金融于极混乱之地步，此吾人不能不预为注意者也。

商业

重庆进出口货物，以棉纱绸缎匹头为大宗，煤油洋货纸烟五金等次之；出口以生丝川盐山货（包含桐油猪鬃银耳牛羊皮等项）药材为大宗，夏布川绸等次之。至于鸦片之输出，以及军货之输入，均乏相当之统计，然必深信均有惊人之数目也。重庆纱帮字号，在申均有庄客常驻，一便扯用申银，二便探听行市，三便装船运输。渝市每月均有棉纱行市，纱市之起落，足以左右重庆之汇市。近年棉纱进口均数，年约五万包左右，绸缎匹头两项，年亦千余万金。煤油年销二百万箱，美孚亚细亚均有自置轮船，装运入川。出口各项，近皆不振，惟山货药材为稍好耳。去前两年，纱业难以获利，绸缎类皆亏折，丝业因上海市价不振，丝销极滞，故厂家亦以亏折为多。盐帮在渝，亦具极大势力。一家盐号、每能用款至一二百万之多，年销川盐千万金。近年淮盐精盐，争销楚岸。川盐以成本太高，几不能外销，且军人包运之风，方兴未艾，商人盐载、往往经一二年不能运销，栈租利息之损失，已属不赀，再加政府之层层剥削，危机四伏，崩溃匪遥。重庆之堆栈业务，亦甚发达，不过旧式堆栈为多，其大规模与新式堆栈，除各轮船公司外、当以和群堆栈为最完备，地滨江岸，起卸既便，建筑设备，亦极安稳，货物保险至二百万两，至内容组织，亦依新法办理。

工业

四川工业，极为幼稚，大规模之工厂，寥寥无几。重庆附近有丝厂七八家，面粉厂三家，布厂四五家，冰厂二家，肥皂厂数家，制革厂数家，其他如小规模或手工艺之工厂，当亦不少，特无可统计耳。

航业

川省航业在七八年前，华商尚占一部份势力，虽是时川江轮船尽悬外旗，但其中即有华商资本托庇于外人之下者。十五年之役，外人之假面具为之揭露无疑，于是华商轮船，亦多改悬华旗。近年外商起而竞争，添加吨位，且华轮简陋，时被拉差，时至今日，华轮微弱之生命，亦几有不能维持之势。华商最大之川江公司，业已宣告破产，足为明证，现在川江中行驶之轮船，共有数十艘之多，其中当推捷江、日清为最发达，怡和、太古、聚福等次之。近来外轮公司，年获大利，据今夏传闻轮船已有过剩之势，于是竞揽货物，降低运费，并增加申渝直航轮船，以便招徕。际此船多货少之时，每次开行，竟有不敷开支之虞，是亦盛极之后，应有之现象也。往年川轮客票之收入，不为公司所注重，良以搭客均以不购船票为最有体面之事，于是票价高涨，增加购票者之负担。今年航业力加整顿，设立公票局，搭客必须购票上船，一面即将票价改低，但华轮迄未办到，是亦航业中一障碍也。

银行

重庆现有银行五家，为中国、聚兴诚、美丰、平民、中和，刻在筹备中者，为川康殖业，筹备而停顿者，为国货与市民也。中国银行分设重庆，已有十六七年。当民初监税旺盛之时，该行营业亦极发达。民五以后，钞票停兑，于是大失民众信仰，且川局不宁，中行亦力主收束，只以经收国库为重要业务，近自渝中行改归沪中行直辖以后，现已重振旗鼓，改重商业，并发新钞，流通市面，总额有数十万之巨。聚兴诚为中川纯粹之商业银行，以重庆为根基地，营业繁盛，应推首屈一指，办理储蓄，亦有成效，特以限于环境与人才，未能尽量发展耳。美丰原为中美合资，资本十二万五千元，与上海美丰并无关系，往年借外人之招牌，发行巨额之钞票。民十五，川省排外，美人尽飏，而美股亦随之退出，数年前闻该行亏折不少，年来因钞额大增，每年虽可坐获余利，但新旧亏空，迄未补足。该行钞票在市上最受欢迎，远近数百里内，通行无阻，一因印刷精良，不易伪造，二因外人退股，外面并未公布，三因重庆禁运现洋出口，携带钞票，既不受禁，亦复便利，故其钞票不胫而走也，现在总额闻在二百万以上。惟闻此次国府建都南京，该行会牵金入都，办理立案，未能办到，又该行以前接近洋商，故洋商往来，亦复不少。平民为新组织之银行，办理小额放款，虽开办只及两年，尚有相当成绩。中和开办亦有数年，原为商办，刻已完全卷入政治漩涡，成为当地驻军之财政机关，发行钞票亦在二百万以上，印刷恶劣，准备不足，一遇军事影响，瞬即挤兑。该行并不注重商业，亦无存款可收也。至于川康殖业银行，则为二十一、四军当局所主办，因去年两军决议，改为财政统筹以后，该行即应运而生，将为两军之统筹机关也。国货市民两行，原定股本由各帮摊派，迄因市面混乱，股集不易，故在停顿状态之中。估计重庆全体银行之存款，不过六七百万，利率甚高，大概长年周息一分一二厘，活期周息四厘，放款则以信用为多，至于押汇押款两项，因风气闭塞之故，至今不甚发达。

钱业

重庆钱业，势力极盛，大小钱庄，不下数十家，大者资本雄厚，实力充足，每日汇价利率，均由钱公会开盘，大有左右市面之势。数年前钱庄股东，大多殷实，极少倒塌，年来投机之风大盛，以一二万金之资本，二三等之人才，均能组织钱庄，只要交游广阔，脚步勤快，生意亦就不恶。不过昨前两年，汇市常为二三资本家所操纵，若辈不易营利，于是倒闭纷起，因此钱业又已转入沉寂时期，今后或可稍期澄清矣。

公司

重庆为通商口岸，洋商公司，大小亦有数十家之多。内中以经营进出口保险航业为多数，进出口为美孚、亚细亚、安利、隆茂、英美、太古、西门子、礼和、美最时、开利、谦信、德昌、卜内门、南星、日华、三井等十余家；保险为白理、美亚、三井、安利英、保家等数家，尤以白理为最发达，保额达千万以上。航业为日清、捷江、太古、怡和、聚福等数家。华商公司刻亦日渐发达，书业如商务、中华、世界。航业如招商、三北、及其他小规模之轮公司十数家。出口如义瑞、聚兴诚。保险属于华商者，只有联保一家，年来营业亦极发达，几可与白理相抗衡，只以去夏赔款太多，已于今春改组。其他如三友、光华、同昌、亨达利、陈嘉庚等十余家，或为分行，或为代理，至于本地所组织者，更非少数。现时应以百货公司为最发达，建筑公司亦正在发轫中也。

（朱汝谦. 重庆市面各项情形报告书. 海光，1930年第2卷第9期）

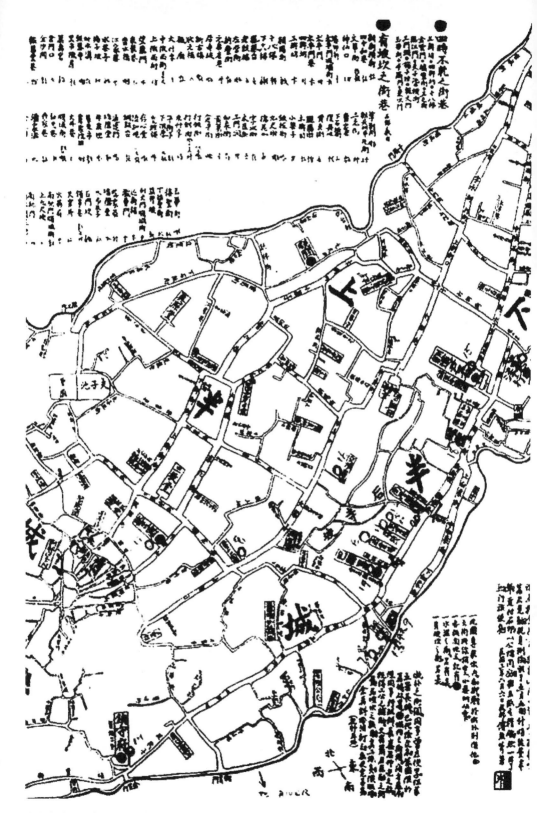

重庆街道新图（1914，局部）

在重庆城里

▼

刘郁樱

披上资本主义外衣的重庆市

十年不到重庆城，我今日旧地重临，真不免有今昔之感！

曾记十年前，它不过是封建社会里一个普通的市镇，因为水陆交通的原故，不过商务比较繁盛一些，然而拿欧美的各大都市来比较，简直是望尘莫及；而今呢？它已披上了资本主义的外衣，俨然成了一个新兴的都市，其实下细窥探，它只是虚有其表，好像讨口子（乞丐）穿着绸衣，终脱不掉一个可怜的样子。

自然马路是一条条的加多了，洋房是一座座的修高了，华洋百货商店是一家家的添多了，街上红男绿女是一批批的来往了，然而实际上，生活程度骤然增高，失业群众忽然加多，金融愈紧迫，社会愈混乱，世界各大都市的建设没有赶上，先形成的是各大都市里蕴藏着的罪恶。

不信，你看：盗贼的明抢暗偷，流氓的霸占敲诈，被压迫者的哀号，弱者的自杀，卖淫者的惨笑，乞儿的叫嚣，这一切的一切，无处不是怨声载道，悲苦的象征，都在向着这萌芽的都市诅咒，只有少数的剥削者——军阀官僚奸商市侩在洋楼汽车中，过着安闲舒适的生活，赞美幸福的到来，向着广大的劳苦群众，表示得意与胜利的微笑。

我到重庆而后，每天是忙于应酬，日记和创作，是断断续续的，兹仅将我留渝的几篇杂作，拉拢来连在一起凑成一篇《在重庆城里》，虽不能说把重庆的一切，写得鲜明，至少是有了一个轮廓而且因为要在本刊发表的原故，所以把许多不关建设的文字都提了出来，这是要望读者原谅的。

重庆市的女性

好久不到重庆了！

到得重庆，山是依旧的苍苍，水是依旧的盈盈，街头巷尾，是依旧的熙熙攘攘，女人呀是依旧那样的瘦而美！

中国素来是主张优美的，对于女人特别的造成一种杨柳腰金莲足，以适应优美的要求。时代流转，形式上一切都被革了命，足已大了，腰已粗了，女人们已是称为新时代的女性了，而社会上所崇尚的美的根本精神，仍然是优秀、柔弱一派，意识反映在女人们的身上来，便成为病态的人为的瘦而美的姿态体格、装束，这样瘦下去，美下去，弱柳迎风，落花依草，诚然是一件病的美术品。

但是国难有些深了！抗争的事实，将不可避免。社会上需要壮美的体格，与激昂的情绪，更为切迫。人谁能以蒲柳之资，荏弱无力，而敢得预备奴隶之地位！瘦而美的重庆女人，请你们强壮起来罢！自然男人们也应该发愤自强。

还有往来于市场的坐在汽车中的，穿着恰合身材的花花红绿的时装，嘻哈连天的笑着，谈着，或者眉开眼笑的望着侧面和前面，卷曲的松散的细发迎风飞舞，显示出各种不同的万分惬意的美妙的迷人的姿态，她们都自以为是飘飘欲仙的天上神女了。然而在我看来，厚厚的涂了一层石灰的面皮，抹了一些猪血似的嘴唇，再加上薙得精光又用碳条画成的长而直的细眉毛，衬托着一团乱蓬蓬的茅草，在将黑未黑的黄昏时分，陡然一见，白纸般脸，血盆般口，扫帚般眉，披头散发的，还哪里去寻那寻人索命的凶死鬼哟!

这就是今日之所谓的摩登女郎吧?她们除了把自己打扮得妖精妖怪而外,做些什么呢?啊,难说。

昏沉沉的周遭,弥漫着尘雾,姑娘们一批又一批一车又一车的从我身旁过去;不知过了若干,也不知到哪儿去?一股含着血腥成分的似香非香的气味搅动了空间,不断地钻入我的鼻孔,使我几乎发呕;呜呼!这是所谓时代的新女性!

卖风的儿女们

风之在夏天,如日之在冬天,是特别受人欢迎的。于是在南洋便有所谓吃风,(福建音为"假汪",即乘凉之意。)上海便有所谓兜风,重庆又有甚么卖风。前者暂且不提,单言"卖风"二字,清风明月,本来是不用钱卖的,而在重庆,却成了商品。

重庆,因为处在两岸环山中,而且人烟最密,市区又无法扩展,所以一到夏天,平常都在九十五度以上;加以物质的建设,方在萌芽的时期,对于电扇的设备,还没有开始。于是对于风的需要,便成了一个急切的问题,一般穷苦人家的子女,也以为是奇货可居,于是各持了一把蒲扇,去到茶楼酒馆,给一般有闲阶级,打扇搧风,一般人美其名曰"卖风。"

所可怜的,是这般卖风的男女孩,在饮食店里,为客人们搧风,这只手搧软了,又换那一只,客人们清凉了,舒适了,身上莫有半颗汗珠流出,而他们自己,却浑身都沉浸在汗水里,同样的人,同样的手,同样的热天,两者之间的生活形式,却形成了阶级的悬殊。

人们是希望着秋天早到,可怜的卖风的儿女,却希望炎威之神,永远占住人间。然而挽不住的炎威与热力,终于是给西风吹卸,卖风的儿女们,于是被摒弃于长街,每年在春秋冬的三季中,只希望着夏日的早来。

有电影院的地方

我这次回川,经过了不少偏僻的县区,然而同从前是大不相同了,如像永川隆昌内江简阳，从前是风气闭塞，女人是不轻易在街上走的，她们是"终日只在门窗下，埋着头儿绣花鞋"，到后来，马路修上几段，更渐渐地搬到一些国产影片。于是女人们便络绎不绝的往电影院里走，而且不久之后，满街都是花枝招展的飘荡着时髦的女人了，如果说马路铁路是冲破农村之梦的长虫，那吗，影院剧场便是开通女人的利器，这重庆市便是一个铁证。

中央公园

偌大一个重庆市，除了一些京剧场，川戏馆，电影院而外，简直没有一个高尚娱乐的所在，和空气清新的地方，只有一个中央公园，仅仅只有这一个中央公园，在偌大的一个重庆市里。

这几天真热得可以，寒暑表已经到了九十几度，重庆市的市民每天在公余之暇，夕阳西斜的时候，都跑到中央公园去纳凉。可是这公园的面积，莫有一百亩，怎能容得下这重庆市里许多市民呢？所以这半月来，游人如织，大有水泄不通之势！

好个"笑贫不笑淫"的重庆城，真果是"野草闻花遍地春"！你看除了那些世界、金台、嘉利、瞰江等大旅馆，尽是藏娇纳艳之所而外，她们——平康中的堕落女性，也趁这迷濛的黄昏，来到这幽雅的所在，大施其勾引手段。于是绿阴之下，草地之上，清水池边，石栏杆畔，留下了不少的风流艳迹，当局者也并不加干涉，也许这是开通风气而不是有伤风化的了！

唉！重庆市！真无一片干净地了！

"九一八烟馆"

自从革命潮流冲进了夔门以后，四川的一切流氓痞棍，都干上了这笔投机事业。并且有些奸商市侩，也借着革命的招牌，来从事招摇撞骗的工作，我的朋友白蓉告诉我："成都有间售鸦片的烟馆，叫做'中山书店'，真是滑天下之大稽！不料重庆市，也发现一个甚么'九一八烟馆'，和成都之'中山书店'，遥相辉映，真是西蜀之光！"

"九一八烟馆"开张之日，听说还堂哉皇哉的发出宣言，说是在提倡实业，振兴商业，（陆丹林说：这是真正的"土"货，那些烟鬼们，可说是研究制造烟幕弹，而枕戈待旦了。）更要大家勿忘了"九一八"与"南土""壩土"（烟膏名称），这种怪现象，恰足以象征目前革命市场的重庆。

小百姓在马路上吃灰

因为天天要走路的原故，使我记起了上海某记者从前批评首都初期路政的两句话来："大人物在汽车中跳舞，小百姓在马路上吃灰"。我觉得这两句话，很可以引用来谈重庆市的路政，为甚么呢？一因重庆市的马路，与民国十七年时代首都的马路是一样的高低不平，当所谓大人物们坐着汽车奔驰的时候，当然是可以在上面大跳其"却尔斯登"的舞了。二因重庆市的气候，热天比较别的地方更热，而马路上又没有喷水车，马路又不尽是柏油路，每当汽车飞奔而过的时候，不用说是会卷起灰尘，安步当车的小百姓们，也免不了有吃灰的可能，所以这句话引来描写重庆市的路政，可以说是再恰当莫有了。

所谓大人物也者，不为百姓谋利益也罢了，但也应该为自己打算，谋往返的舒适，把重庆市的马路设法改良一下，尤其是负有责任的市政当局。

汽车与人命

是两日前的事了吧，据说在两路口附近，汽车碾死了一个过路的军人。因为在马路上捡他失掉了的东西，猛不防后面的汽车冲了来，将他冲倒在地，由背上碾过去，岗警大约还未及发见，汽车便急驰而去了。人是当时便死了，现在却还未见将肇祸的汽车调查出来。一说现在已将肇祸汽车的司机生看管起来了。此说如确，该汽车夫自然得受相当的惩罪的。但在马路开车未久而斜坡又多的重庆市，即使技术熟练的司机老手也难保不闯些祸事，而况现在一般的司机者又是生手居多，说不定这次事还未了息，汽车肇祸的事件又会发生了。汽车肇祸虽然在繁华的都市里似乎是很寻常的事，但这却处处与小民百姓的生命有关的呀！假使你既没有汽车可坐，又没有大轿子可乘，而又不免常要在马路上走走的话，你能保得定在汽车多次肇祸中，一次也不会被冲倒么？一般非劳动而不能生活整天都得在马路奔跑的朋友们，更是无时无刻没有被冲倒和碾毙的危险。要使马路上不再发生这样的惨剧，还是只有希望于负有公安之责的当局者：

（一）无论公私汽车须一律编制号码，以便检查——免使肇祸者倖逃法网。

（二）严厉限制汽车开行速度——市区内每小时不得过三十华里，转弯与下坡时，与在医院学校前，尤要特别慢行，否则由交通岗警干涉。

（三）严格检验司机生，技术过劣者实行取缔。

果如此，在马路上行走的人们的生命，方能有几分保障。

通远门外应该有公共汽车

在重庆城里，有轿，有包车，假使你荷包里有钱，虽是挤得个东湾西拐，倒也还可以见识见识这都市的风光，否则你将两眼闭上，任车儿轿儿拖去，抬去便是。说起来，总还不至苦。

独是通远门外那条马路，有那么长呀！你一踏上去，便听得私用的汽车，前后号叫，这样，你便不得不踌躇着，感到这条路之漫长了。

我曾经想："这由市府来举办几辆公共汽车好不好？"但细想，这里面是有矛盾的，第一个矛盾，据说是黄包车夫会因此失业，第二个是这些野鸡汽车公司会弄不到钱。

但是，市府假如有意，还是先为这些走路，喝灰尘的人着想好了，因为马路不修已经修成了，失业的车夫，并不会因为这些微的调剂便好起来，野鸡汽车公司弄不到钱，那是它合该倒运。

还是为这些走路喝灰尘的人设法的好，因为马路不修已经修成，而且这条路是太长了。

马路上的石子

假若重庆的风会刮得到北平那样大，那末重庆的人，没有那一个敢上街去。我很相信：因为重庆的马路上除了未完工程的街角里，堆有许多石子，准备造什么"柏油路"之用，而又被行人的脚带到街心去遍布着以外；还有那工程完毕已久之七星岗到曾家岩一段马路面上，无一处不遍布着鹅卵般大小的石子；比人能见的天空中的星斗还要密数倍。普通的人，当然不敢在马路当中去走；就是你坐在包车或汽车上，也要把你簸得摇来摆去，不时你的车轮滚到那烂了的坑里，这一簸就非同小可，若果你是孕妇的话，包管你不要去找接生的医士，便便宜宜你的"小宝宝"就马上要在车上呱呱而泣；若果有一天能刮到北平那样大的风，刮起来的石子，我想一定比吴淞中日交战的弹丸还密，人都没有穿戴钢盔铁甲，谁敢在马路上去走呢？

车仰人翻

昨天到通远门去访一个朋友，因为如火一般的太阳，晒得人真有点难受，我就在小什字雇了一辆黄包车坐着去。

车子刚经过华光楼转角的当儿，因为跑得快，就和迎面来的一辆车子撞个正着，倒霉的我，好像腾云驾雾似的和车子闹一个"车仰人翻"，结果，我究其原因，原来是车子的屁股没有"保险"的原故。

有人说："重庆的事保险有些靠不着"，真有点像了，如黄包车在各地都是安有"保险"的，重庆却偏不安"保险"，所以才弄得每天都要演十几幕"车仰人翻"的危险剧。

现在已有一种好方法来救济，是什么？就是古人说的，"安步可以当车"的那句话吧！

卫生的成绩

中国人不讲究卫生，好像是几千年来传统的习惯，而在世界上像也很负盛名；曾记有一个外国人，在所做的一篇什么文章中，借了黄种人的李鸿章，来嘲笑中国人的不讲究卫生，他说："李鸿章用了黑猫当作早餐，用了小狗和蠕虫当作午餐，用了蜜炙老鼠当作晚餐，捉住虮虱时，便放进嘴里把他嚼死"。这一段话，把中国人不重卫生的劣根性，形容得惟妙惟肖，虽说过于刻薄，却也有自取之道，不信请看这号称小香港的重庆市吧！凉水是公安机关所禁止发卖的，而街头巷尾，仍是卖的公然在卖，吃的也还是大胆地在吃；腐肉在城内似乎不能公开的卖，然而在城外好像又另自成了一个世界，而到处皆是。图便宜的人，仍是拥挤的去买。卖糖食的店铺，应该置个铁纱罩或旁的布盖，遮着苍蝇，然而此地的一般糖食店里的糖食，是要给苍蝇先尝口味的。

说到此地，又想起了在过去几年重庆市的"上帝的儿女们"，似乎每到夏天，都印制有五彩的灭蝇的宣传品，在各街张贴劝人灭蝇。而往年的虎疫，远不如今年之烈。不知道是市民的反帝运动已经成功了么？奇怪，今年竟没有这种工作表现！因此苍蝇竟猖獗起来，成群结队地到处飞。一般人也似乎认为这是"教徒"的事，从不曾见有过"灭蝇运动"的提议。现在卫生运动大会在短期内就要举行了，对于这不卫生的苍蝇，总该想有肃清的办法吧？

还有那一条条的小巷里，死老鼠死婴孩，小儿和狗的大便，遍地皆是，那肮脏的厕所，随时都可由微风中送出一些木樨香的气息，前两天还听说自来水里发现了沙虫子，难怪最近的重庆市，一天要倒毙一两百人，每天各城门要抬出几十具棺材，这未尝不是不讲究卫生的成绩。

"虎"来了

虎，不是深山的猛虎，也不是飞奔的市虎，而是更甚于洪水猛兽的"虎列拉"，我到重庆的时候，正是虎疫盛行的时候，平均重庆市每日死亡在五十人左右，同时据各地报载成泸资万川西南北，无处不有虎疫横行而死亡如麻。此地市民，纷纷在请求消弭防范之法，慈善家施药施诊，迷信家求神拜佛，闹得满城风雨。然而在市政当局，却未闻有如何处置，治疗所，并无一所，虽卫生委员会，与市府警备部合组了一个"防疫委员会"，然而廿一军部又只听见楼梯响，不见人下来。工作的表现一些没有。

昨天又举行了一次大扫除，似又不十分彻底，而于事实上无补，只是重庆和江北的红十字会，在市区内各街口安设了一个防疫缸，内面盛了一些药水，给一般苦力当茶吃，似乎还有些效力，此外未闻当局有若何的救济，只有一任虎疫横行，市民的死亡率，一天一天的增高而已。

吃茶去

"吃茶去"，只要你一到四川，一会着朋友，便会听见这一句话，他已成了一个交际应酬的口号。因为茶费不上二吊，（约一角银）可以吹大半天的牛，实是最经济的交际术。

其实，四川人还不算是讲究吃茶的，我在南洋游历时，知道吃茶最讲究的，要算福建人，真出乎我们意料之外。为了吃茶，可以吃掉一大家财产，据我常见的，是他们用了一个小小的瓦茶壶，小到和酒壶一样，内面泡着十两银子一两的香茶，主人用着极小的酒杯，进茶与客人，慢慢地与客品评，这是多么艺术？

四川人的吃茶，虽不讲究，而却普及，在重庆市据我调查，每条街至少有两三间茶铺，某条马路竟有卅余家，专门吃茶度日的朋友，更是不少，早上六时起，一直到夜十时左右，每间茶铺，大多有人满之患。有人说："苏州人的一生，都在茶馆中度过"。我说："四川人也是如此"。

四川人！你们为什么把宝贵的光阴，无聊赖地消磨在茶馆里的枯坐中呢？

写在后面

总之，要详细的把重庆城的一切描摩出来，实是不容易的事，尤其是在重庆逗留仅十余日的我，所见所闻，都有限得很，所以写来是又无统系，又不精彩，而且我是在百忙中观察，写起来只是些零星断片，尤觉得枯燥无味。

我过去的生涯，都是在都市中消失了，我醉心都市，我厌恶乡村，然而正因为我流浪于都市中太久了，对于现代的都市，我只觉是罪恶的渊薮，我现在是在诅咒它了，我将投入大自然的怀里。

重庆市虽然也是我所诅咒和厌恶的，然而在建设方面，我是希望它日有进步，重庆的市政当局，我希望他采纳我一些意见，这点矛盾的思想，也许会令读者失笑。

廿一，八，八，写于重庆途次。

（刘郁樱. 在重庆城里. 道路月刊，1932 年第 39 卷第 1 期）

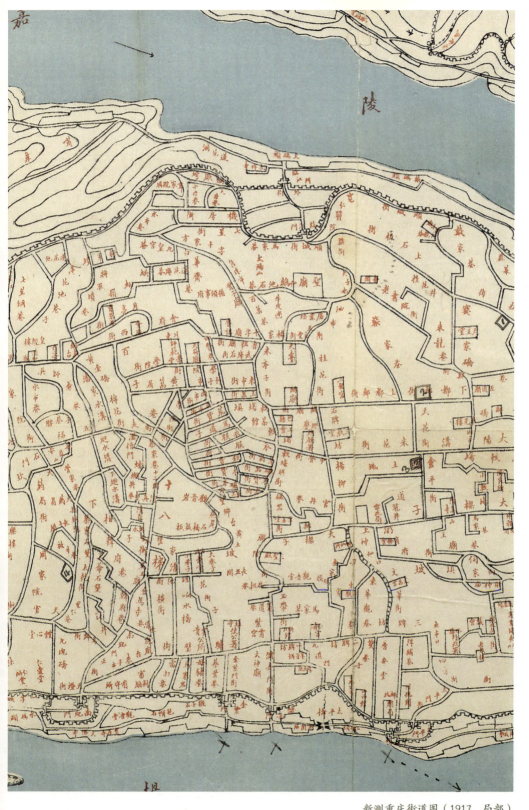

新测重庆街道图（1917，局部）

12

别　后

▼

杜重远

韬奋吾兄：

别后国事日非，噩耗频传，哀我国人，曷其有极！弟等离沪时，抱着很大的希望，以为在此国难当前，同仇敌忾，沿江一带定当得到全体同胞的同情，团结起来，一致对外，但是船至江心，疮痍满目，我们的希望已经减低至十分之四了。

今岁水灾之后，沿江两岸，颓坍不堪，岸上居民蓬首垢面，伏处穴中，这些同胞们的生活问题尚待解决，所谓东北问题，在他们看来，不算是最切要的吧！同时联想到我们百分之八十农界的同胞，虽不能尽如这少数同胞的苦痛，可是他们的课税奇苛，债务未了，食粮不足，籽种未备，以及男婚女嫁种种问题，在他们看来，都比东北问题还是重要些吧。

我们这次同船的旅客百数十人，而百分之九十，除了玩赏风景之外，或卧斗室，喷云吐雾，或坐客厅，玩弄麻雀。看他们那种兴高采烈的神气，大有天下太平的景象！所谓东北问题，那里值得他们的注意？因又联想到那些住在重要商埠的资产阶级的同胞们，舞场拼命去跳，麻雀尽力去打，鸦片大口去吃，又谁肯耐心忍性来讨论讨论这个东北问题呢？所谓一致对外这句话，不知应向那一班人去讲？

轮行十三日方到重庆，时天色已晚，细雨如毛，下轮时小船云集，喊声如雷，那种噪杂状态，世界任何国家难与伦比！我国人办事之无组织，无秩序，到处可以表现。

我们到了重庆，第一感觉奇特的，就是军人之多。敝衣赤足，到处都是。每一军界要人出游时，则随行差弁四五人，或七八人不等，即军官之女眷出购服物时，亦有三五兵士为之携男抱女。此等现象，十年前常见之于东北各省，不料今日复见之于重庆。重庆最高机关要算是二十一军军部了。所有行政教育统归该部直辖。中国国民党口号曰："党权高于一切"，在重庆恐将改为"军权高于一切"吧！据说不但重庆如是，川中各地无不如是。最奇怪者，许多报馆主笔或学校校长，卡片上都冠以军部的咨议或顾问等等头衔，甚或有几校的校长整天坐在军部而不到校服务的，这或者也感到国难当前，军事较教育为重吧！

第二感觉奇特的，是重庆街中到处书有什么"吻春雅室"，什么"刘记谈心处"，又什么"新漂川土"，询之友人，方知均系鸦片吸食所，据当地人云重庆人口约六十万，而吸食鸦片者要占十分之三，此种营业之发达已可想见。更滑稽者在此等营业门前亦书有种种抗日标语，记得有一家门首书"卧心尝胆""誓死抗日"两语，彼以"薪"字误"心"，大可寻味！盖鸦片之苦不亚于胆，彼卧心尝之，将往阴间抗日！故有誓死字样！（一笑）据重庆友人云：重庆每年出入口货均值一万二千万两，但出口货中，只鸦片一项，即值银五千万两，设重庆无鸦片出口，每年即有五千万之入超，今重庆入超问题虽云解决，而此五千万之毒品蔓延全中国，受其毒者曷可数计！将来全国同胞均将"卧心尝胆"，自奔枉死城，而所谓东北问题，国难问题，更待谁商？书至此，弟心滋痛！

重庆街市随处有面黄肌瘦的瘾君子出现，尤可怜者，抬轿的轿夫中十之四五是染了阿芙蓉癖的。他们每日用一滴汗一滴血换来三四毛的工资，多半消耗于芙蓉城里，所以更弄得衣不蔽体，食不充饥，而青脸长发，酷似城隍庙的鬼卒！

（杜重远. 别后. 生活, 1932 年第 7 卷第 3 期）

新测重庆街道图 2（1917，局部）

13

重庆印象

▼

松山

　　重庆，是过去专制遗毒酿成外交失败，割地赔款外人胁迫辟为五口通商之一，占长江上游嘉陵江自陕边蜿蜒而来汇合之所，三面临江，一面连陆，形势异常险要，扬子江上游货物输入输出之点，所以商业繁荣华洋杂处，城中车舆辐辏，万瓦连云，城外轮舟蔽江，帆樯林立，沿岸踞石作城，从河岸拾级上约百余步始达城门，迄今辟修码头，俯斜而下，素负"天生重庆"之雄壮伟大之名，而今名不符实了。

　　城中改建马路，也具雏形，路旁立着高大宏敞装饰上西式牌面的商店，层楼直耸，颇有洋味，可惜街树不像锦官城中之春熙路上密排着树木浓荫。

　　出通远门，渝成马路起点的通远门，在过去几年中，孤坟累叠，荒草凄迷，现在呢？商店栉比，别墅林立，荒凉之途径，一变而为热闹市场，每当夕阳西下，汽车包车往来如织，游人男女亦特别多，蝉鬓与钗光齐辉，鞭丝与衫影共映，入夜则到处灯火齐明，人声嘈杂，比前愈形热闹了！

　　都市愈进化，生活愈增高。在重庆生活比乡镇间要昂数倍，城中失业不下数万人，不要说肩舆夫车夫力夫只能获得一线生机，就是智识分子落魄的亦不少，每逢公司录事等招考，失业青年总争先恐后地投考。

"某某公寓"这样冠冕堂皇的铜招牌，光彩夺目，由谈心处高挑在空中的白幔而化妆，里面一样横陈，烟气漫室，这害民误国的鸦片，在重庆三多中（俗称烟馆，老鼠，娼妓，为重庆的三多），要算第一。

娼妓营业不弱于繁星般的烟馆，在税收上已占重大，街头巷尾，当暮色仓皇之际，彼姝浓妆艳抹，勾引行人，城中之金沙岗东水门为过去藏秽积垢之所，有"成都新化街，重庆东水门，人众说臭不可闻"之笑话。可说为点缀风景，都市应有之风景吧！

学校不能说少，在过去仍陈腐不堪，经廿一军兴设会考后，竞争之火燃烧遍办学的心理，略为可观。可是——画长眉披长发奇装异服的摩登女生，在影院、剧园、娱乐场、公园都时时可见其摩登倩影，甚至于能演出其他勾当！

中央公园——这纯粹是用人工点缀的公园，没有苍幽的树林，繁荣的花草，池沼假山更形渺小，只有远眺着半城为烟瘴气和南岸郁荫的涂山真武的横列，图书馆网球场俱窄隘不堪，但在晨曦之前夕阳西照之际，总见军官太太们的芳迹倩影驰骋场上，运动前后，各人手持一拍，招摇过市，光荣阔气，从微笑中流露表现出来，种种落后的重庆以此为十分时髦之举。

电报电话电灯自来水咸有设备，电灯以经费关系未能改善，时常昏暗不明，自来水经过长久的计划，费了若干人民血汗金钱，才有现在这时而通水时而涸水的自来水，说起来真贻笑大方！

"佛学"在重庆也算得十分崇拜，无论从康藏及什么地方来，总是虔心祈祷，廿一军长刘甫澄氏亦皈依为忠实信徒，于是隶属廿一军统治之下者纷纷附从，可见"上有好而下有甚焉"，斯言诚不我欺，佛教溯古寻源固属悠远，但值此内患外侮之秋，此教于国何补？

税捐总局位于城中会府，最小之物像窗纱铅皮亦要抽税，从黄沙溪沿岸一带关卡无数，尤幸军长能体恤民情，除每年筹备军款借垫数百万元之外，不若另一军长之暴敛横征，也算重庆百姓得着这慈眉善目顶礼佛门之唯一善人了！

和别处一样，军权高于一切，拥有势力的军官们和自然随附男子的荣威的太太，无不十二万分阔绰，趾高气扬的横行廛市，仆从大班马牟更肆行无忌，包庇贼盗，打红吃黑，也许是都市和革命军人的威权下应具之现象，又何怪呢？

南岸王家沱，城中领事署，嘉陵江口的兵舰，无不显示日寇的威力所到，愈形显出专制时外交失败所得来之遗毒，王家沱日奴是何等的威严强暴，附近人民被其侮辱蹂躏，俱敢怒而不敢言，生长弱国政府无力保护国民之统治下，自认倒霉吧了！夫复何言！

一九三三·五·一五·于松江之畔。

（松山．重庆印象．星期三，1933 年第 1 卷 25 期）

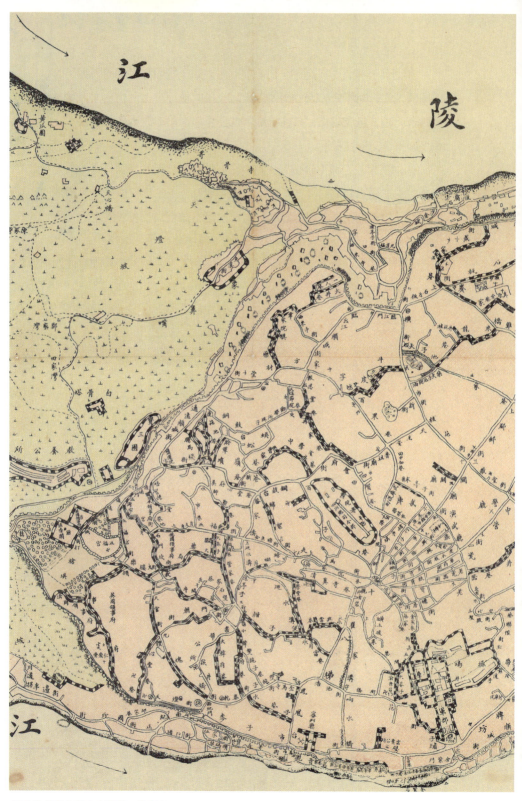

新测重庆城全图 1（1925，局部）

一个美国医师口中的重庆杂谭

（节选）

▼

贝西尔

节选一

不错，我现在距离重庆有一万哩之遥，可是当我离开那边的时候，那个城市和它二千余年来的样子简直没有什么不同。人口老是保持着原状，五十万左右。市民对于他们的本乡被认为中国大口岸之一，觉得十分满意，他们认为重庆和三百哩外的四川省会成都比起来，要好得多了。

在那个时候，重庆人在他们的孤立生活中颇为自尊自大，无求于人，因此一听到和南京国民政府发生密切联系的主张，竟会加以嘲笑。对于本省也不过口头上的效忠，对于它疆界以外的任何势力，他们就公开表示敌意了。至于说到了一九三九年他们人口会增加到一百万，而且连一百五十万也不算稀奇，那么他们中间即使最能让步的人，也不会认为它（这个庞大的增加）是一件可能的事。

那时候（一九三二年）公用事业还不存在，只有新设的自来水厂。可是大多数的居民，都拒绝使用，他们宁愿用老方法，雇水夫从长江的泥水中挑了满桶的水送到他们的门口，这些苦力经常摩肩接踵，为数甚多，其中有些是挑了水去灌溉农田的。

大部分的店屋都是木造或泥灰造的，前门大开，向着街道，帐柜和行人相隔不过一个木制的栅栏。在狭窄的石级的山道上，人们或者步行，或者坐在轿子里面，上上下下，和数千年来他们的祖先一样。要将我所认识的这个古城和现代生活联接起来，似乎近于幻想，仿佛要描写火星上的生活一样。可是在短短的七年之中，我明白这个奇迹是果真实现了。

相信重庆的改观是困难的，可是更不容易的是想象那个地方竟成了目前整个中国的首都，又是六千万难民的一个庞大的集散之地。这些男女老幼，他们被逐出数千百年的老家，财产丧失，家庭离散，从沿海区域，从长江流域和华北平原，跋涉无尽的长途，赶到四川和内地，去开始新的生活。

节选二

在长江和嘉陵江（当地人称他们为大江和小江）会流的地方，是一个岩石嶙峋的半岛，而重庆便一层一层地建筑在它的上面；最下一层是用毛竹撑在泥地上的茅屋，到最高一层则是古代的灰色石块的墙壁；整个的重庆，显得倾毁颓坏，非常不整洁的样子。在我们和河岸之间，是那条湍急而混浊的河流，活跃着肮脏的棚船和舢板船；那些衣衫褴褛而散乱的舟子，为了竞争轮船上的生意，狂热的工作着——推挤着，叫嚣着，尖呼着，好像一群可怕的案山子突然得到狂暴的生命一般。

在向长江上游航行的途中，我们常常听人将重庆描写为一个"垃圾堆"和"文明的终止点"。可是尽管有这种不利的形容词，对于这个偏远内地的城市，我却依旧怀抱着我的幻想。现在当面看见了丑恶的现实，我早先关于这个港口的种种浪漫的观念，都在薰蒸的烟雾中消失了。回忆起那本旅行的小册子，我的心中突然起了一阵尖锐的嫌恶之感。究竟为了什么我会让它说服我放弃"美丽兰"阳光普照的海岸，而到这个一团糟的地方来工作呢？

靠着船栏站在我旁边的是一位女传教士，她是在一千哩下游的汉口上船的；这时她竟任她的两行眼泪滚泪流下她的两颊，不去揩拭。后来觉得我在注意她，便掉转身来，向我断续地解释道："每次第一眼看见重庆，总是使我如此的。"

我自以为很懂得她这句话的意义，可是后来她却又说道："如此以后，你就不愿离开它去换取地球上的任何地方了。"

这时她应答一个招呼，走了开去，我便睁大眼睛望着她的后影，用平日观察显微镜下一个标本那样的集中视力来望着她。我的凝视又摄取周围窒息烦嚣的景色，和泥，竹，砖瓦所构成的建筑者的梦魇：重庆的外貌。"如果有一个病人需要受一次精神诊断的话，"我严肃地自语道，"那末就是这个可怜的妇人了。"

媌德这时正和船上的职员和乘客愉快地互相道别；在一刹那的犹豫中，她向我露出踌躇的微笑。她低语道："从此地望过去，这地方，实在有些可怕呢。"

一个院中的代表走上船来欢迎我们，指定一个仆人照管我们的行李，便领我们踏上一艘等候着的舢板，将我们渡到岸上。苦力们带着轿子冲过来迎接我们。这些轿子在街上出租，各式各样，四面关闭，肮脏到无可形容。

"你要步行还是乘轿呢？"是第二个问题。

"步行！"我看了这种交通的工具以后，便这样回答。

在正午一百度的炙热和力图超过此一百度的湿气中，我们开始从临水的山脚，爬上那数百级的阶石，走到重庆的城门口，最后逃避了日光的炫耀而走进入口的阴影，使我们舒适不少。在入口处有守兵来招呼我们，顿时一群好奇的闲人，就将我们包围起来。我们得知道在这些人群之中，大部分本来也是兵士，只因数星期前被当地的一个军阀所解散了。他们对于炙热已经懂得如何适应，将他们大部分褴褛的制服脱去，只穿一条裤子，一直撩到大腿，足上穿着草鞋，头上戴着缚着红带的军帽。

当我们的同伴和守卫城市的兵士讨论凭证的时候，我就有空把四周观察一下。这第一眼所看见的景象，仍旧一点都不能使我安下心来。在前面的大街上，一个人站在街心，能够伸出手去用手指碰到街的两边。所谓街道者，乃是一排一排的石级所构成。不久，我便发现这个地方便是重庆的市心，因为平面的扩充发展受到限制，而人口却又不断地增加，所以只能用梯形的街道，向天上无限地发展。这些石阶数百年来为尘土所积，又被数千百万的人足所踏，因此有些石块上的陷落之处，深得可以作一个婴儿的摇篮。

上上下下，重庆的生命在从不休止的潮流中流动着。这个城市就在这些狭窄的弄堂中发着蒸汽，我们缓慢地向上爬着，和诸色人等摩肩接踵——富人和穷人，老者和少年——其中大部分都在他们的脸上或身上，带着营养不良，残废，或者疾病的形迹。挑污水的人，他们那沉重的桶子将水溅滴在细长的阶石上，发出臭气，使我们只得避让到墙边行走；满身疥癣和疮毒的癞狗，拦住我们的去路。偶尔在一家门口，还可看见一只污黑而苍蝇满身的母猪，在喂着她的瘦瘠的小猪；到处都有拖泥带水的婴孩，在他们的圈桶中昏昏欲睡的睐着眼睛。

肺病、天花、颗粒性结膜炎、癞病、皮肤传染和许多其它可以传染的疾病，都在我们周围这些人的身上留下了痕迹。想到无论是这些阶石上的一块软泥或者墙壁上一片泥灰，都可以给一个现代医药化验所获得许多研究的材料，真是一件令人兴奋的事。

千言万语同时间打在我的耳鼓上面，在无法听到一个熟悉的声音的时候，我才第一次明白了一个兽医应付他的病者所遇到的困难。我有学会这个语言的一日吗？如果没有，我犹疑地自语道，那末我的工作一开始，就要遭遇到失败了。

在一个叉路上，有一大群人阻塞了我的去路。我为了好奇，从人群的肩膀上窥望过去，便看见一个守兵怒气冲冲，挺身站着，他的足边是一个被打伤的人。"什么事情？"我向我们领路的人打问。

"大概是在打一个窃贼吧。"

幸而这时我的妻恰在人群更远的外围，所以这个情景，她没有看见；我们的问答，她也没有听见。为了炙热和疲乏，她已经开始面露苍白之色，等到我们的目的地终于达到的时候，我的心不禁为之一宽。

可是我们却仍旧不能在那儿休息长久。因为城外正有一个小欢迎会等着我们，使我们不得不再来一次长程而酷热的步行。当晚最后上床的时候，我们辗转反侧，有数小时不能入睡。喵德对于我们的新居所得的第一个印象，使她精神甚为颓丧，而我们自己的脑际，也藏着许多的问题。

在离开美国以前，我曾受到警告，说在东方无限的机会中，有两个危险等候着医生。第一是要劳作得远超过他的精力；第二是要降低职业效率的标准，直至效用打一个折扣。即使语言和其它一切的困难能够完全解决，会不会这些陷阱之一终于将我的工作破坏呢？中国的历史，证明她有一种不可思议的能力，同化外来的人和他们的改革。谁能保得定当这个古国在我身上为所欲为数年以后，我自己的试管不会被龙鳞所包任呢？

第二天早晨，当我醒来的时候，我们已发觉自己患起肠炎来了。这，大概就是重庆给我们的见面礼吧。

节选三

我被任为主任的那医院所给我的第一个印象，是不大容易忘记的。当我们走进石库门的时候，几只小鸡和一头猪匆匆打我们的走道上奔过。我有生以来，从没有看见过象这类的东西会由一个医院里面走出来。一条短短的石头路通到医院的正屋，我嗅到和入口处一样难闻的气味，虽然那些家畜却不见踪迹。走廊的墙壁上斑斑点点，污秽不堪，外客走进走出，无人管理，他们随意把痰吐在地上。

"这个地方，并非老是有这股气味吧？"我问道。我的鼻孔寻求着麻醉药和防腐药的气味，可是，它们却受到十多种来源绝对可疑的别种气味的攻击。

"如果你在中国多住一时，你就会惯了。"我的同伴牵强地答道。

"我的鼻子不会闻惯的！"

"要招引人们来看病，首先必须使他们觉得不受拘束，那就只有妥协一点儿了。"

我默然承认在这个异地有相当妥协的必要，可是我却决定使我的妥协不致于妨碍到卫生的基本原则，这原是任何职业青年所特有的过分的自信。

从住在重庆的第十日起，我们便开始语言的研究。一两个星期以后，我们渡江到南岸的山岭里去，因为每年大伏的时期，重庆的外国人总是离境去避暑的。南岸的这些山脉，当我们乘着"万泸"抵渝的那一天，刚被一股浓雾所遮，因此我们没有看见它们的面目；现在没有云障，他们就摆出令人惊奇的美景。一层层连绵不断的台地，斜卧在山坡上面，用以种植花生、大豆和山薯，它们的中间，随处夹着稻田，好像碧绿的小湖一般。在那较为僻远而且更为人迹所不到的地方，长着稀有的花草和灌木，使四季都染上各种的颜色。

从这个地方望到对岸的重庆，在日光中闪耀着，也自成一幅美丽的景象。在晴天佳日，我们如果听凭想像奔驰的话，能够越过西南的山脉，远眺贵州和云南两省，还可以越过国境，望到越南和缅甸。这些同属边远的省份，千百年来笼罩在神秘之中，竟能在数年以内成为先驱的中国青年人的迦南（意即天赐的福地——译者），实在是当时最富于幻想的人也想不到的事情。

节选四

我是医院里唯一的外国医生，我的游息机会，只限于颇为特别的时间与地点的。在医院里，二十四小时内我都可能有工作，所以官方特别发给我一张通行证，准许我半夜里随时上街，这一个特权，普通人民是得不到的。

每个医生都知道而引为憾事的，是产妇临盆往往发生在半夜与黎明之间，一经接了一回生之后，通常总是不能再睡的了。逢到这种时候，我总是不回寓处，而去领略与白天纷乱扰嚷成对比的重庆之夜，它的神秘而漆黑的寂静，吸引我去做发见新事物的工作。

我的橡皮跟的皮鞋，在街道的石板上发出沉浊的脚步声，在黑暗中踽踽行来，有时使在大街上倦眼惺忪地巡逻着的丘八吃惊不小，仿佛我是从阴间来的鬼物一般。虽然他们中间有许多人以前曾经遇到过我，他们仍旧不免要报复我给他们所吃的小小惊吓，向我讨派司，并且站着翻来翻去上下左右地验着，一方面还要盘问我：

"你是美国医院里的医生，是吗？"

"上面写着的。"

"你上那儿去？有什么事？"

"没有什么事——街上来跑跑。"

从他们的小灯笼里所发出暗来光线照在我们的脸上，反映出古怪的面容，我常常在暗中观察他们的颜脸以为乐。

"现在已是深夜丑时，依照中国规矩是不准在街上跑的。"

"真的么？不过这是我的规矩。"

这一句话的肯定语气常能使他们满意。他们一定如此决定：对付这样古怪的一个人，唯一的方法是由他去。"可以！"他们中间突然有人这样说，于是我便取回了派司，继续前进。我想他们在我走了之后对我所发的议论，一定很有趣的。

"希奇得很！"一个说，"那位医生的戴家巷的家里有软和的外国床，却这么晚还在街上。并且他有的是洋钱，也有自备的出色的轿子，却自己跑路。究竟是什么道理？"

"谁知道？他一天到晚在医院里做事——难道他从来不睡觉的？"

"真叫人难以相信！我们晚上查夜的人，白天总要睡觉的，是不是？"

"当然，我总要睡到申刻起身，才上温家茶馆去下棋，不到时候闹醒了我，就得发脾气！"

"外国人都是怪物，不过这个美国人更怪而已——啊哟！"

这样地散步的时候，我总是备着电筒和手杖，在重庆这个老鼠殖民地上做了不少杀戮的工作，这种老鼠大的像猫一样，差不多随时可以发见。在这个时候打老鼠是有一些畋猎意味的，因为夜间的露水与雾气使街道的石板滑得比白天还要厉害，所以行动颇为危险。湿气黏着我皮鞋的橡皮跟，搅成胶水一般，所以打老鼠时候的机敏动作，成为我保持身体平衡的技术测验。至于老鼠也有它们的苦处的，电筒的光芒使它们的眼睛耀得张不开；它们的一迟疑，我的手杖就把它们打入了鬼门关。

狭小而弯曲的街道两旁，接连着排得紧紧的店面，在住宅区里，则是高高的粉墙，隔一段有一扇作为出口的黑暗的木板门。每隔相当时候，近处有更夫摇着粗笨的木桥报告平安。这样，差不多与世隔绝似的，不论贫富的重庆人睡着、做着好梦；直到天亮才醒来，做他们预定好的悲欢离合的事。

远处几声犬吠，近处的关紧的门窗里传出一声痨病鬼的咳嗽。时或在闩着的木板门缝里透露出一线灯光，在对街的墙上映着一条黄色的光痕。这样的时间发出这样的灯光来，是表示这家人家正忙于方城戏，假使停步静听，便可以清楚地听出骨牌劈拍的声音。虽然如此，重庆的夜大致是安静的。

每逢这种时候，我常常自己问自己，西部中国的人们，究竟有多少是真正无忧无虑地睡着的？会不会在我左近或对街的屋子里，就有因疾痛惨苦而张眼等天亮的人？我在这个社会中，已经亲身遇到过不少这种不幸的人们了。

……

孤零零地，在城市的中心近处作此夜巡，我感觉到重庆所特有的风味，像外衣一般地包裹着我。自它有史以来的大部分的时期里，没有外国人曾经践履过这些古老的街道；甚至于到现在，外人来此居留，也只是容忍的而不是欢迎的。可是我有一种感觉，觉得这惯于过着被征服生活的古城，自己却有赢得外人与"夷人"归向的魅力。我自己问自己，这魅力的秘密究竟是什么呢？怀着这种难以解决的疑团，我踏上归家之途，一到家里，我立即酣然入梦了。

（George C. Basil & E. F. Lewis 作. 钱士全译. 人世间, 1941 年第 2 卷；贝西尔著. 钱士、汪宏声译. 美国医生看旧重庆, 重庆：重庆出版社, 1989 年）

新测重庆城全图 2（1925，局部）

重庆妇女生活概况

▼

实甫

　　僻处西陲的四川，因为交通不方便，和消息不灵敏的关系，所以川中的一切情形，与省外确十分隔膜，近年在报纸上虽常可见着一些川中的通讯，然关于注意妇女生活问题的还不可多得，今作者仅先就重庆妇女的一般生活情形，来与读者诸君作一篇简单而忠实的介绍，使省外的同胞，也知道一些他们的一切情形：

　　重庆是长江上游第一繁盛的商埠，为陕甘西康贵州等省及省内各县货物出入的要道，所以重庆在四川所处的位置，恰似上海在中国所处地位是一个样的，年来因为正在振兴实业和赶修马路，因之他的商务，繁华一天更比一天热闹和发达，举凡上海所有的一切怪现象，在重庆也可谓应有尽有，妇女们在这种环境之下，他们的生活也就和前有些大大的变化了，现在我们可以把它分作下面的几个阶级来诉说诉说。

　　（一）有闲阶级——凡是在这个阶级里面的妇女，大都是军阀，政客，资本家，和富商的姨太太同小姐，因为他们整天没有事干，目的也只在供给男子的取乐和寻找他们自身的舒服。一大半的时间都花费在修饰，穿衣上去了，他们穿的衣服总是红红绿绿，奇装异样，应时而生的最摩登样式。他们的模仿力特别强，凡是上海有新发明的装束，不到一个月，在重庆有闲阶级的妇女们身上也见得出了。他们日常所照例的工作，不外乎，抽大烟，叉麻雀，瞧电影，吃馆子，上百货店去买东西，有时说不定还要随着老爷一路上大街去逛一逛，摆一摆他们的曲线美，卖弄出一些风骚来颠倒青年，使人赞扬他们漂亮和幸福。近来还有不少的军官姨太太如——潘文华——范绍增——等，（都是刘湘的师长）他们也要来学一学时髦，摩登跟着马弁拿了拍子到公园去打网球。其实球拍子怎么拿法？球来了怎么打法？他连自家也莫明其土地堂。本来在一年前，还新添上了几家跳舞场，可恨被当局下令取缔了，这算是他们的美中不足。

（二）女学生阶级——四川因为最近几年中，受了新潮流的洗礼，教育也比从前发达得多了。单就女子中级学校来说，此时在重庆先后设立的已不下十余所，就中以——省立女子第二师范——为历史最久和最出名。他不但在重庆要称女子最高学府，就在四川也要首推独有，内容略分为普通，教育、艺术等科，共有学生一千余人。重庆各校费用很贱，连学费、吃饭、杂费等在内每期也不过缴三四十元而已。他们除了极少数有家在重庆走读学生的而外，其余都是住宿，各校的管理极严，除礼拜日自由出街，平时校门也不敢越雷池一步，否则，便要受处罚，他们的服装极朴素(这确值得令人称赞的，甚愿全国各女生也起来效法他们)，各校无论在何季均有一律的制服，在制服上面签得有各校的校名，藉有别于旁人，同时还可以约束他们的行动，不管是在校内与出外，均非着制服不可，不然一经查出，便是犯了校规。这制服的质料都全是国货，夏天多半是上着白市布衣，下穿黑色短裙，冬季则一变而为一律的海昌蓝旗袍了！脚下就是穿半高跟皮鞋的也很少，大半都是一块多钱一双素胶跑鞋和自己作的平鞋。

再说他们的课外生活，也有欢喜运动的，如篮球、网球、乒乓等……也有欢喜组织什么学会、研究会、音乐会等……总之他们都是很纯洁的在校内活动，很少于校外的社交，所以在重庆的女校找不出什么——皇后啊！——花王啊！——社交花啊！这一些肉麻的名词。这也是各个地方环境的关系。

（三）平民阶级——这一个阶级里面的人生活极苦，且大都能勤苦耐劳，稍有点小资本的，他的丈夫就去开着一个小店子，他除帮助店务而外，其他凡是家内的一切粗细工作：如烧饭，洗衣等，全都是他们包办。重庆的工厂很少，只能容纳极少数工人，代价极低，一天有时只能拿一毛多钱，工作却在十点钟以上，实在是苦得连牛马不如，且凡具有点姿色的，难免不被厂主和工头的调戏与蹂躏，但是他们为生计所迫，不作工便没有饭吃，所以还是得忍气吞声的去逢迎他们。其实这何独重庆为然，全国工厂那一所又不如是？其外平民妇女的一些琐碎工作就是同人洗衣，补衣，或出佣于人，他们工资极低，每月只有一元，可是他们的工作之繁重，恰与工资成了反比例，偶一作事不慎，或稍为得罪了主人，那便轻则挨打受骂，重则"两个山字重起"请出，那时的饭碗也保不着了，马上便须辞职下野了！

（四）歌女和妓女阶级——重庆操这两种职业的人，为数也很有可观。先说歌女罢！歌女也要分两种，第一种是具声色，唱来也还差可的，便由大茶楼中馆主雇去清唱，他们的条件或是在售每碗茶之中，歌女抽几分之几，类似北平第一楼清唱的情形差不多。这种歌女，每日生意兴旺，还可赚三四块钱，数口之家，可赖以维持了！第二种便是较次一点的，人都是十四五岁和十七八岁的小姑娘，每夜由琴师导入各大小旅社内卖唱，由顾主叫入房内随意叫他清唱，大略每曲的代价是一毛，他们就不如第一种了，运气佳的时候，跑了半夜，还可唱得着一二块钱，倒霉的一天，连一枚铜子也都见不着。

妓女大别为公娼和私娼两种：一，公娼都是集中在一个地方，就是重庆有名的——金沙岗——在重庆除了有枪阶级而外什么人到那里去"寻花问柳"都有戒心，因为军队中下级军官时常去逛，偶一不慎便有生命的危险，所以在那里逛的人，都以军界为重心，但是军官们又穷又凶，玩了不但不拿钱，妓女稍有招待不慎的地方，轻则拳足交加，重则性命难保，公娼们处在这种情形之下，大有日暮穷途之势。

二，私娼虽然不上捐，售价稍廉一点，但公安局时在侦察之中，偶一破案妓女连客人都要同受处罚，所以客人也还是不敢名正言顺的公开大逛特逛，又加之近年来全国农村经济，又有几多人有余钱拿去这样花呢？所以私娼还是同公娼一样的倒霉、萧条，不过私娼稍为好一点罢了！

（五）其他——其他妇女在重庆的职业有百分之一二的小学教师是女的，间或有一二个师旅长用了些私人顾问和秘书是女的，但以青年貌美为限，另外还有一二家理发馆的技师是女的，除此而外，再难找出了。

（实甫. 重庆妇女生活概况. 妇女共鸣，1933 年第 2 卷第 10 期）

重慶市街

重庆市街图（1927，局部）

两种形态下的重庆市的经济 / 两个世界的写照

▼

铁昂

两种形态下的重庆市的经济

重庆市不仅是四川的第一个商埠，也是川滇黔三省中的第一个大都市。近年来已有了几条马路，而在这几条要道的两旁，耸立着三四层用洋灰筑成的门面的商店——其中还有一两家是采用上海都不多见的立体派的风格的——也有了像上海的一班新式银行用花岗石筑成的罗马式的建筑；也有了小规模的百货商店和销售高价的舶来的奢侈品的铺子；也有了新式的金融机关和新式的企业——交易所，信托公司，面粉公司——然而我们不能说它已走进了现代资本主义的阶段，连资本主义的雏形都还没有完全具备，所具备了的只是一点气分。

我们知道，现代资本主义的根本基础是在轻工业和重工业，尤其是后一样，重庆不但没有重工业，不但轻工业也才不过萌芽，就连工业的原动力——电力——都还没有。说起电力，真是可怜，诺大的一个重庆市，连一个创办了多年的烛川电灯公司都不会办好，机器的马力既小，又常常发生障碍，很少有一夜不出毛病的（白天没有电）。一般住户，绝少点电灯的，就因花了钱而反要常常莫名其妙地坐在闷人的黑暗里，不如买两角多钱一斤的外国煤油来点倒还痛快一些。就是那些装了电灯的商店也不能不零外再点上一盏汽油灯来保险。这个不生不死的公司，近来因为修理机器，特意把所设的全市五大电流线，每夜轮流停止一线，市面上常有一段是没有电的。现在二十一军军部令重庆市市长潘文华筹备一个完整伟大的电力厂，定在一年内完成，这个厂如果成立，那末重庆市民该可以多见些光明，这儿的工业也会有些进展。

重庆的经济是在商业资本主义和官僚资本主义混合成长的道路上走的。它接受帝国主义的生产品，作一个推销的殖民地市场，好从中沾一点残余的利润，在这一点上，它是走上商业资本主义的道路了；另一方面，四川的封建军阀和依附军阀的官僚政客士绅们也和从前的北洋军阀官僚一样，把他们从苦痛的民众身上榨取来的脂膏，投资在工商业上，通过资本主义的转换行程来吸取利润，靠枪杆作护符以做鸦片吗啡生意的且不必说，就是一些所谓"利国便民"的实业中，我所知道的官僚资本也就不少了，银行中如像早已成立的川康，新近成立的四川商业；在川江航业中成了"托拉司"的民生实业公司（这公司同时还经营的有合川的电灯自来水事业，重庆的修理机械和装修船只工厂，又投得有资在北川铁路和北碚农村银行）；在创办中的中华光明石油股份公司，西南影片公司；早已成立的重庆交易所。岁丰，三益，瑞丰，三个面粉厂；一些小规模的化学工业和饮食旅馆业；此外还不知有多少经营房产地皮的。这一个由封建剥削和前期资本主义结合为一体的经济正是一世纪前的官僚资本主义的形态的经济。

自然，后一种也多少是依附于前一种的，因为前一种必然是要支配着后一种的。所以重庆的经济主要地也是殖民地的资本主义的。

两个世界的写照

大家知道，现代的每一个都市都有两个不同的世界对立着：一个是地上的乐园，又一个是人间的地狱。重庆这个限于地势的山城，是没有一块特定的地皮可以作为准贫民和贫民的区域的。那些生活在水平线下的算不得"人"的两足兽们都是聚居在城外沿江的地方。用几根木头支在那不是由沙土便是由垃圾堆成的斜坡上，再在木头上用木板木片造起房子来，那便是他们家族生在那儿长在那儿死在那儿的所在了。这些房子，从江上望去，密密层层地仿佛是蜂巢。每一间蜂巢似的木房子，用几根木头撑在那毫不坚实的地基上，真有给一阵大风吹倒的危险。

它们的最大的敌人是火而不是风。自然，那些地方是最容易失火的，火一起了，一间完全是用薄薄的木板搭成的房子是多么容易烧着？所以不烧则已，一烧动辄就是几百家，差不多是完全无可救的。这样的大火，每年总有几次，我们到此地三四个月，侥幸不曾碰到这样的事，据说是"异数"。

布尔乔亚们底乐园区是在西方通远门外曾家岩那一带。也许是为了他们，才有通到那儿去的马路；自然，也是为了他们，才有飞驰在那曲折高下的汽车。

一出得城去，迷漫的煤烟便离开了人们留在后面。走了三四里路以后，你便可看见一座一座的洋房，耸立在清旷的田野间，或小坡上，大大小小的用花草竹树来培植成的园林，包围着那些精美的洋房。这一块清幽的地方已成了像南京的金陵大学附近和北极阁西北一带形势的幽美的区域，老百姓们简直把它喊成"师长区"了。

一位特别喜欢打网球的师长的新公馆现在快要落成了，在洋房的东北边还修了一座涂着红漆的铁篷球场，这连雨天都可以照常打球了。据说他在计划修这房子之初，有人劝他不必修得这样考究——这房子的外表也平常，不过听说内部的装修很精致，地板都是用楠木镶成的——怕的是也许红军就会打到重庆来，那岂不是冤枉？这位师长的答语太妙了：他不是说红军不会来，也不是说得享乐一天便算一天，乃是说"他们来把我的房子没收了也不要紧，只要他们夸奖它一声，说是修得真讲究！我就满足了！"

晚和她天到南岸龙门浩一带去散步！她发现了一个两个世界的有趣的对照，指给我看。原来是一座中西合璧的灰砖的二层楼的洋房，临江的一面有着宽敞的走廊，廊下摆着躺椅茶几，当然是对江临风喝咖啡，抽雪茄的地方；后面几个房子也是明窗净壁的光景；底下一层有着台球相撞击的清脆的声音；房顶上悬得有大英帝国的"海上永不见日落"（这句话对吧！记不清了。）的旗子。我猜这所房子必然是大英帝国的海军俱乐部。因为它下面的水上就停泊得有一只她的兵船。右边一所高高在上而面前有网球场的房子挂着大美帝国的国徽，是这国的海军俱乐部。在这两所洋房中间却夹着几间和对岸的重庆市的城外沿江的贫民们底窠蓬式的木房子，满窗挂着一片片蓝的白的东西，临风招展；可不是什么国徽，乃是晒着的一些衣服裤子。

这一幅并列在一处的对照真是太尖锐得触目而刺心了！

（铁昂. 迷样的四川. 读书月刊，1933 年第 3 卷第 6 期）

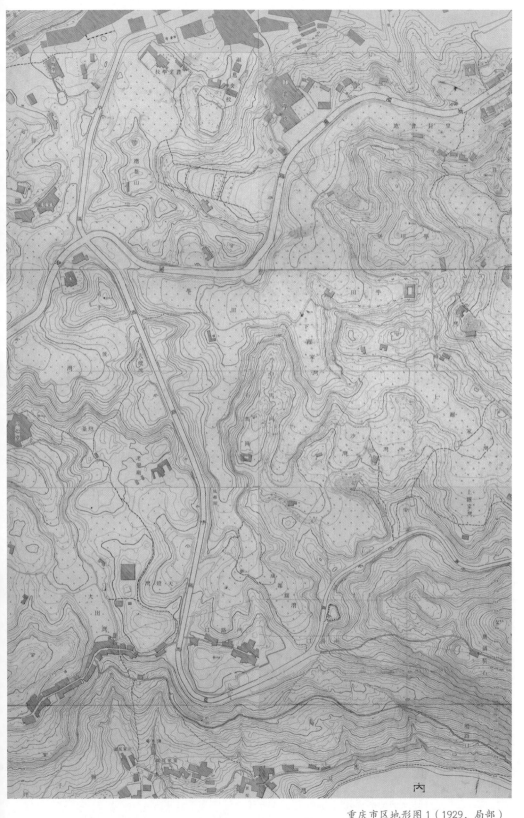

重庆市区地形图 1（1929，局部）

重庆的日常街道

▼

甘南引

　　五月二十八日晨四时半，余即起床，赴千厮门码头。时家人尚酣睡未醒，固不知余已外出也。至轿铺，雇轿一乘，嘱抬往千厮门。经陕西街，时仅五时，苍蒲艾叶，拥挤于途，卖菜挑担，满街罗列，轿子通过其中，轿夫先之以喊，继之以骂，始得穿过。如此拥塞，有类赶场。

　　仔细思量，始知今日为废历端午节。国难当前，平津一带，人民逃难，形同丧家之犬，而此地则消闲自得，大过其节，两地相比，苦乐何如是之不匀？俄焉，过市政府前，因道路坎坷不平，轿夫与卖菜相撞，几肇（翻轿）之祸，而轿夫妈……娘……鸡……狗……等之普通下流骂人官话——非北京之官话——不绝于耳。又过某街，至下行街——重庆街市，多无街名，弯弯曲曲，上坡下坎不辨东南西北，初来者大有如入迷魂阵之叹——出千厮门，觉凉风袭人，单衣尚难抵抗。大好石板街道，又被菜贩拥塞。有蹲于地上者，余之轿须越其头而过，因是轿底与人头屡起冲突，轿夫肩头对于余之体重压迫，本已不胜痛苦之至——余重二百零六磅——加以路道拥挤，人头与轿底相撞，使轿夫失去肩上重心，其发出恶骂之声，固不能逃（穷人气大）之定理。而余则深恐轿子颠覆，致得中风之疾，因是提心吊胆，汗流浃背，直至码头为止。

五时半抵码头，见民殷轮已蠕蠕而动，仅离囤船两丈之遥。旋由囤船来一人谓卢总理作孚嘱其告余，设不能搭民殷，可赴太平门搭民用赴北碚。余告轿夫抬往太平门，而彼则不愿再抬，因嫌余之身体太重。遂另觅他轿，六时许至民用。

（甘南引. 民生公司招待伍朝枢博士参观北碚温塘记. 新世界，1933 年第 23 期. 题目编者所加）

重庆市区地形图 2（1929，局部）

陵

江

嘉

陵

18

响 应

（致卢作孚函）

▼

范崇实

作孚兄：在汉口到南京的船上，把你的大作读了一遍。你的论断，非常精当。我这两年亦是常常这样想着：的确，中国的问题，不是临时国家的存亡问题，而是根本上新的社会建设问题。如果新的社会建设不起，那末无论去学德模克拉西，法西士蒂，以及布尔雪维克，都不会成功的。欧美的一切良法美意，典章制度，一搬到中国来，就失其效力，而反为弊薮，是因为没有预先改良社会的缘故。犹如密甜的果种，移植到别的地方，常常变味，是由于没有预先改良土壤的缘故一样。

要建设新的社会生活，我以为：

第一，必须将家庭范围缩小，应该提倡父子兄弟分财分居和废除遗产制度。父子兄弟不相依赖，各人自然要向社会谋立足，而专为家庭努力的人，亦可有余力为社会国家作事了。人既从家庭中解放出来，自然便多与社会发生关系，新的集团生活便会如此产生。因为家庭组织愈小，设备愈简单，依赖愈薄弱，则人自不能以囿于其中为满足了。

第二，要有新的行为标准与道德信条。新的社会生活产生，则人与人相对关系之外，增加若干而更重要的人与群之关系。此中的行为标准与道德信条，必须从新规定，断然奉行，以确立新社会之基础。在此新的社会中，是非善恶，荣辱奖惩，另有准则，则人的行为即随之而变。譬如旧社会重视所有，故人们拼命的并不择方法的去弄钱；新社会改来重视有为，则人们当无意于堆积财富，而力谋有所建树了。又如旧社会重视为家庭干，故人们拼命的去改换门楣；新社会改来重视为社会努力，则人们当无意于为家，而很起劲的向社会服务了。又如旧社会只重视人与人的相对关系，故世上演出许多忠臣孝子义夫节妇；新社会改来重视人与群的共同关系，世上当然会有许多为国忘身的人了。

第三，要有一群人或多群人的积极行动来发生影响，这是你历来主张而实行的。要影响社会，消极的行动绝不成功，不嫖不赌不吃烟，乃至于不为诸恶，只是应该的而已。同时，一二人的苦行奋斗，亦只是供人欢赏而已。这其中，必要有积极的动浪，相互的交响，和一般的共鸣，夫然后能自成一格，树之风声，而感动大众。譬如民生公司和北碚的同人，到处可以使人觉得诧异，这是值得佩慰的。即以小事而论，就是公司的吃饭方法和翻领短裤，我都很赞成。假如这种吃法，一直吃到长江流域，这翻领短裤一律摆齐在汉口上海，而不夹杂些拿破仑头和西装马褂，那么，社会上更要诧异得多，而影响也更来得大了。我们希望民生公司和北碚这一群人，行动还要积极，规矩还要谨严，服务还要整齐。我还希望此外还有一群人，还有多群人，照这样积极行动。我还希望各方面的朋友，多方赞助这些群人的积极行动，多方提倡，多方响应，以收共鸣交响之效果。我呢，准备要来加入你们这一群人，所以看了你的书，就拉杂地写了这一堆。假如你以为不太乱的话，请你给公司同人看看，这是我响应他们的表示。或者从旁增加一点兴趣，亦未可知。

在船上遇见胡筹庄的两位老兄，我将你的书给他们看，他们都很以为然，可惜只有一本。假如上海方面没有分送朋友，请你寄些前去，以广布你的福音。

十一月十日　弟　崇实

（范崇实. 响应（致卢作孚函）. 新世界，1934 年第 59 卷）

重庆市 1（1935，局部）

重庆商埠的市政、商业与金融

▼

刘汝耕

（一）重庆之市政——重庆市政机关，颇能注意于建设，如电灯，电话，自来水，及马路等，均有进展，而于马路一项，尤因山势起伏，建筑不易，有此成绩，殊属难能可贵。城内驻车，纪律尚严，士卒闹事，亦属仅见。中等阶级以下人民，未受新潮流冲激，生活尚称安定。劳动者仍能安贫，故抢案少见。惟所有房屋，建筑草率，救火设备，又极幼稚，灾害频闻。路上虽有警察，而秩序殊为混乱也。

（二）重庆之商埠地位——全川山岭纵横，交通艰难，近虽兴作公路，可以行驶汽车，然因费用太昂，非一般商品所能担负，是以货物运输，除少数由旱路挑行外，仍惟水道是赖。川省天赋水利独厚，河流遍于全省，北部河流，汇于合川，西部河流，合于泸州，东南黔水，则于涪陵注流入江。重庆昔为合泸涪三处商人汇集地点，今则为全川商业总枢。重庆下游，握出川要道者，为万县，昔隶杨森。当时杨刘力敌势均，万县因军事关系，处处可得便宜，因此在商业上，有与重庆分庭抗礼之势。嗣后二十一军戍区，扩抵川东，杨森退据两开，万县乃失凭藉，除桐油因产区邻近，仍能保持原状外，其他贸易，俱见退化。万县之下，雄据入川门户者，为宜昌。昔日由旱路肩挑者，息喘于此，市面繁华，盛极一时。自渝沪渝汉直航以来，宜昌金融，乃现滞呆，盖川省进出货物，昔在宜昌转口者，今已由渝，迳与沪汉交易矣。

（三）重庆之商业——川省自民国五年军兴以来，大小四百余战，虽剧烈战事，除民国十八年杨刘之战，民国二十一年叔侄之争，……，所有以前战事，均为范围不大之局部冲突，然已足使时局连年陷于混乱状态之中，川省各项事业，因此未能进展，良可慨惜！重庆往昔，系一出超码头，因连年国内时局之不稳定，及近年世界商业之不景气，产量减少，销路杜绝，当地金融机关，又多主张紧缩信用，抑且力量有限，以致出口贸易，江河日下，渝为入超码头。因历年防区制度之各自为政，商民苛杂担负，高于各省。沪上渝帮办货庄客，因过去信用之丧失，目下动用款项，殊感困难。此间申汇行市，又因投机操纵，涨跌无定。年来物价水脚，愈跌愈小，一般商品，难于脱手，资金失其灵活。凡此在在予进口商以不利，乃使进口贸易，亦现沈闷之状。至于陕甘滇黔诸省，所有吐纳货物，昔日取道川省，由渝进口出口者，则因川省捐税之繁重，及他省公路之进展，亦取道两湖，而予渝市以一大损失。因此种种，重庆市场，表面似甚繁华，实际则渐趋衰落也。目下差堪人意者，一为当局头脑，渐趋警悟，二为川省局面，渐臻完整，三为中央命令，渐及川中是也。张公权先生有言曰："四川人口七千万，面积三倍于江浙，（包括西康在内）蕴藏之富，甲于全国，当局诚能弭兵修政，努力建设，则生产消费，可望同时进展，以目下所有华厂产纱，供此一省之用，届时或虞不足"云云。诚能如张先生言，则来日水涨船高，重庆市面，或真有突飞猛进之一日。

（四）重庆之金融——渝市金融，昔日操于钱业之手。当时之银行，常受钱庄阴谋排挤，及当局加重担负之苦。今则时过境迁，情形已有不同。钱业经汤字号之变，信用已不足以号召，新陈代谢，而由银行继之。同时政府当局，亦曾数度声明，愿以合作精神，与金融界共挽狂澜。故目下所有政府派款，改用地方公债方式，较有保障。并由各行按力分摊，军部之持总金库期票，向各方贴现者，则由自愿经营者承兑，目下尚无强迫之事发生。是则渝市金融，与当地政府关系，似已今昔不同。然自他方面言之，则全国经济普遍衰落，渝市岂能独荣，因生产落后，而节省消费，因货物滞呆，而物价下落，因在银行上所做进出口押汇，久置不赎，而信用紧缩，而贸易退减，而金融失其活跃，观渝市行庄，逐鹿申汇买卖，则渝市金融，因全国经济衰落而失其正常机能，约略可见一斑。以上云云，系渝市金融之环境，以客观眼光所见如此。兹就渝市金融本身而言，则有下列三点，可资研讨：

（甲）投资政府——投资政府，计有两端：一为地方公债之分派，二为军部期票之贴现。期票贴现，如有灵活手腕，可以逃避；公债分派，势难幸免。查公债办法，始于民国二十一年，其初不过一二种，嗣因军费不敷甚巨，乃积极援办，迄今已有十余种。发行以来，当局尚能顾全信用，按期履行契约，故川人经营之银行，类多乐于投资，认为手续既便，利息又厚，风险亦小。然回顾历年川省进出口贸易数字之递减，换言之，即政府收入之减少，而支出有增无已，则所谓公债者，是否将步钧益票之后尘，借新还旧，愈积愈深，以致不可收拾？此其一。中央对于废除苛杂，近来进行甚力，中央号令在川，已有相当效力，一旦废除厘卡，而代以他项征收办法，则公债基金，有无问题？此其二。华北军队，调驻鄂西，因有张学良入川之谣，传说姑置勿论，然而天长地久，终有替袭之时，则后来者能否继续维持此项公债？此其三。由此三点观察，则此项公债，值得投资与否，殊属疑问。

（乙）投机申汇——夫埠际汇兑，注此挹彼者，所以调剂两埠金融，而纠正一时缓急也。汇兑未始不可经营，而获利要以实际之供需为转移，并当以自身及市场之头寸为依据。然查此间申汇投机情形，则去此项原则，不知凡几，既不调查供需情形，又不研究两地拆息，亦不另在他处补进抛出，多则专多，空则专空，多空两方，各自团结，相互对抗，申汇行市之涨跌，即以两方实力厚薄为转移。日下多方似占优势，因能联络政府，运现入川，而使空方在沪，无款可交也。然焉知空方日后，不能私行运现出口耶？渝市申汇行市，涨落既无一定，趋势自难预测，进出口商，首蒙不利。进出口商而多故，则金融上必坐障碍。是岂安定汇兑之交易所，成立之初，所冀希于今日者耶？

（丙）缺少现金——历年贸易之入超，时局之混乱，川省现金，源源流出省外，虽经政府屡颁明令禁止运现出口，但私运者多属有权有势之客商，船员之私行夹带者，亦复不少，现金流出，依然如故。渝市因收交繁巨，早有划洋办法，现洋乃非必需，于是现洋不溢于省外者，亦有流入省内他埠之趋势，因此渝市比例的感觉现金枯竭。（渝市存底，尚无统计，据云约在一千万左右。）最近欲刺激申汇上涨，乃有运现来渝之事，然而此项进口，将使埠际贷借，愈不平衡，设使日后，仍以现金络续抵补，则目下此项措置，殊属无谓也。因现金缺少，渝市金融，乃有左列现象：

（子）比期——渝市虽凭划洋收解，但同行抵解差额，则以现金补找。为谋同业有所准备起见，大额进出均于月半月底办理，所谓比期收交是也。因此而有比期存款，比期拆息等习惯。

（丑）贴水——渝埠通资，计有四种：一为划洋，二为钞洋，三为渝大洋，四为人头洋，价值俱有轩轾，每两种间，必有贴水。

除前述各点外，关于渝市整个金融组织，尚称完备，如银行公会，钱业公会，票据交换所，公库，证券（申汇）交易所等，均有相当之历史。关于公债基金，则亦有基金保管委员会，由官商合组而成。就大致言，渝市金融，尚能于挣扎中求革新，惟冀勿事削足就履，致遗患于未来耳。

（五）重庆之金融季节——大致与他埠相同，国历一二月间，资金集中城市，归还旧欠。废历年关前后，用款极少，银根松疲。三月生意渐次发动。四月榨菜山货已待收货，此时农村需款尤殷，利息逐步上升。五月丝土药材，次第上市，概需现款办货，又因江水将涨，棉纱五金，诸待定购，进口帮用款亦多，至此往往资金枯槁，银风紧急。六月用款需要，渐次减少，利息回缩。七月盛暑，八月秋收，各业清淡，银风平稳。九月新谷上市，办货自须用款，惟时值废历中秋，四乡账款，络续归来，因此外溢内注，差堪相抵。十月以后，农民生活闲逸，进口帮当向内地铺货，并向下游购办冬货，用款多，利息涨。十一月桐油猪鬃，及另一批山货药材，诸待收购，至此银风又紧。十二月需款渐少，过月半后，商号从事调回四乡账款，迨至年终，银风又趋平和。此渝市资金流动之大略情形也。

（六）重庆之银行钱庄——昔日渝市银行极少，只有中国、聚兴诚及美丰三家，因同业太少，故均加入钱业公会为会员。至民国十九年，新兴银行，渐渐发轫，次年，因汤字号之变，钱庄倒闭不少，银行进展，因此加速。迄今银行已有十一家，然各行业务，大多注意公债及申汇，其真能为一般普通商民服务者，在押汇方面，只有中国（银行），在往来方面，只有商业（银行），然两行范围，究属有限，于是钱庄因市面之需要，渐有复兴气象，最近成立者，亦颇不少矣。

（刘汝耕. 重庆. 海光，1934年第6卷第8期，题目为编者所加）

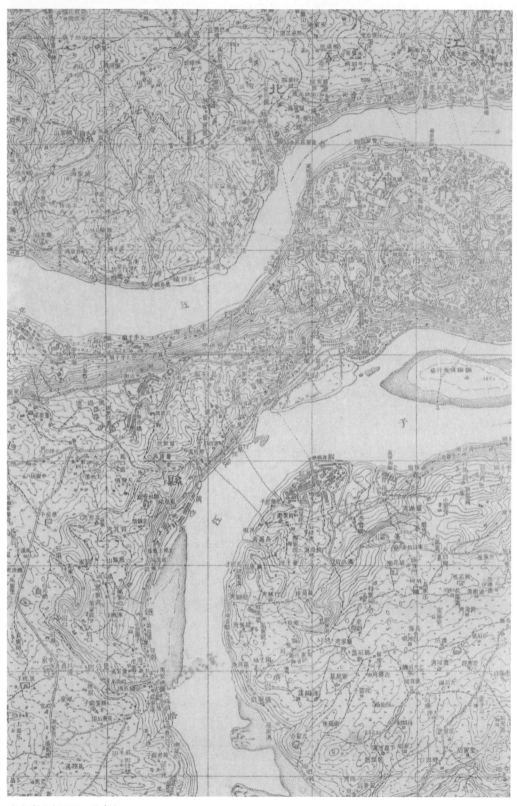

重庆市 2（1935，局部）

重庆漫话

▼

蜀樵

　　外省人听到四川各军区征收粮税至民国六十年，八十年不等，必以为奇闻。其实四川的苛捐杂税，名目繁多，军阀作恶凌辱老百姓的事实，非亲受者不能明白。所以素称天府之国的四川老百姓，不但不像廿年以至十年前的宽裕自给，而今有许多地方连草根树皮都吃光了呀！现在单来说重庆罢。

　　重庆是长江上游的一个大商埠，川南、西、北及滇黔的许多土产都从此地出口，而省外货物，特别是洋货运往以上诸地者亦以此地为总进口处。因此税收颇大，遂成为四川军阀历年内战的逐鹿之场，并且占领了此地，对于新式军器的输入，关系亦甚重要。

　　重庆是建筑在突出于嘉陵江与长江两河流会合处的一个半岛上面，所以旅客至此下了轮船，必乘轿走上朝天门与临江门外之数百级石阶后，方得见新式的马路，再改雇黄包车。街道非常狭窄，就是新筑的马路上，当来去两辆车相遇时，会将街道完全占去，而拥挤到人行道之阶石了，在此瞬间的人力车，必须早早回避，否则便要被撞了。街上汽车除了从陕西街过街楼起至曾家岩止的六七辆公共汽车外，只有开足马力，急驶于人、车、轿子杂踏的马路上的最新式汽车——多半是各最高级长官所有。所以冲出人命事来也不打紧的，幸而这样阔气的汽车为数不多！在重庆的街上老是感觉到人满，随时随地都如上海影戏院散场出门时那样拥挤，究竟是人口太多了，还是街面太狭了，抑是闲人逛马路的特别发达，都要等统计学专家去实地调查下后方能决定。

在上海触目所见最多的要算当铺与酱园，而那里就以"公寓"及"商号"的招牌最普遍。那里的"公寓"及"商号"与别地方的公寓和商号不同，那里的"公寓"不是可以零住或整住的旅馆，而是鸦片烟馆之别名；"商号"则是兼砌零土及鸦片烟馆之雅称。为数之多，真如过江之鲫，其多之原因，也有其理由，是在四川人有此嗜好的恐有百分之五十以上，而公务员、商人、苦力等可说百分之九十是有烟癖的。这些公寓就是这般中层社会的人士的聚会地，谈心处，社交场……到此等公寓的来宾固不尽是瘾君子，有一部分人是特为上面各种原因而被友人相约而来的。重庆市府所课灯捐极重，所以多不愿自己在家内置灯，且许多"公寓"的陈设有的非常考究的，又方便又舒适，故一人在马路上逛而碰到另外一位朋友时，必相约到一家公寓去，躺在烟榻上谈心！以鸦片烟代替纸烟，作公开招待客人之物，在四川更是随地皆然。

许多公务员的薪金很少，每月不过三四十元，但他们每月单是烟费一项的支出，总在八九十元左右，此贪赃枉法与社会上许多作奸犯科之所由来也。而公务人员之舞弊，也便成了公开的秘密了。

这里的生活程度颇高，不亚于上海，有的更较奢侈：如理发竟需两元以上，而好的烫发，其价则在二十至三十元之谱。比记者在欧洲所见之理发店标出的价格还高！吃与住虽似乎不贵，但日常消耗颇多，盖相习阔绰，席必多珍味方就食，无谓的花费，往往是很大的。

路上警察常以短棍毒打黄包车夫，但警察有时却会被着制服之兵所殴打。重庆市上马弁之横行，亦为到过此地的人所熟知的事，一不当心，常吃其眼前亏哩！

资本主义制度发达下的都市不会缺少淫业，在重庆也不能例外，各人小旅馆内都有许多房间是被包下来的。金沙岗尤之乎上海的小花园。

中分苏帮、扬帮与土产，在百业萧条之下的重庆，此项营业仍极发达，以供达官贵人、富商公子的娱乐，所苦者此辈年未成人之弱小女子耳！

此地向来颇高涨的学生运动，而今在长期抗日声中销声匿迹了，盖当局者每以赤色分子捣乱后方之名而施以高度之镇压。外人之横行于重庆市之一般现象，与上海无两样。重庆因地位关系，也不失为当此国货年头外货充斥的市场之一。

若是晨间到会府空场去一望，可以看见成千的壮年男女，由于农村经济破产后的失业而逃到都市，来作生产的后备军的情形。甚至在仅供食宿的条件之下，即可雇得强有力之女佣归来。失业人中，有的尚恨此种机会之不易得到呢！

一家百货公司欲招考三数位高小毕业以上程度之女职员的广告登出后，应考者竟超过千人以上。青年女子欲逃出旧式家庭，而到都市来求些智识，因为学费中辍而失身遭人蹂躏的惨闻，随地可以听到！此中凄惨情形，常有难于笔墨描绘者。

记者虽是一个川人，目睹这样的重庆，却也不能为之包庇，因为这种情形，凡在此间小住数日者都共见的。

（蜀樵. 重庆漫话. 申报月刊，1934 年第 3 卷第 9 期）

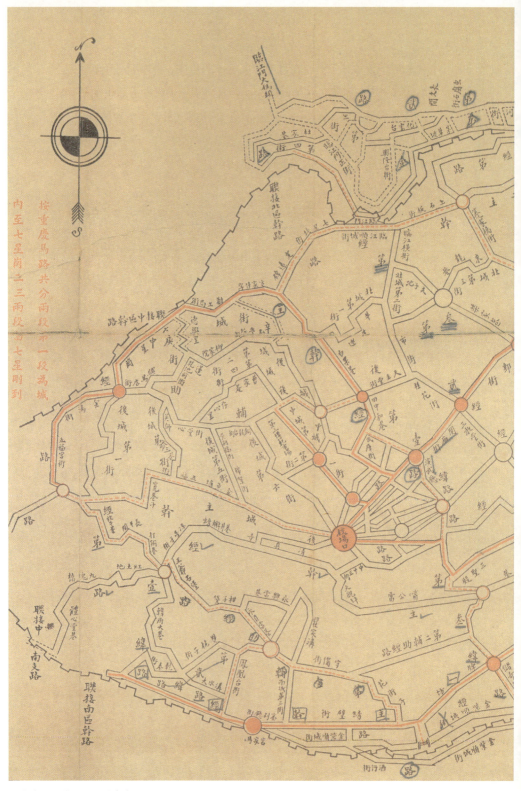

重庆市图1（1935，局部）

倘若你住在重庆

▼

陈叔华

我说，倘若你住在重庆，你将如何？

这地方，乍一看，很繁华。洋房子很高，亦很多，望之俨然——固一个商业城也。连电杆上亦是广告呀，听说还要出钱来租，真文明得起气。长江上游第一商埠呀。坏就坏在这商埠。它就只有一个"不该"——商业城。商人们需要的东西，究竟有限。说得简单点，一个字钱。拿钱来，就完了。若必"打破沙罐问到底"，则第一样自然是需要一个柜台，好算账。其次是货架，好陈列。再次是堆栈，好储藏。再其次是戏园（电影满可不要），好热闹。再其次是妓院，好白相。最后，只要有足够安置一桌四凳（或三凳亦可，其一就将就用床边）可以叉麻雀的地方就行了。我不知道这是否就是商业城中园林隙地不兴建的原因，不然，何以天津、汉口、偌大的商业城，也找不出一个"换换气"的空旷的所在呢？这情形，在热天尤其是要使你犀利的感觉到。要自然风景好，园林胜，还得求之于历史城，是的，北平如此，成都亦然。这道理我敢担保有一半确实，不信我和你打赌！

是呀，假如你住在重庆，坏处就在没有地方可游览。这地方的人士，确乎也不需要这些。他们大抵各有小组织，凑上四五人，便去开房间，打牌。还有周会非常之多。你如住在这个地方，食量要好才行。

真糟糕。管它三七二十一，我们可以这样解嘲："什么娱乐场，有也罢，没有也罢。听人说贪耍消闲是足以亡国的。好，只要马路平坦，两旁树木多，有一个公园，能够散步，就行。"但这地方名字就叫做"山城"，坡度很陡呀。这城是分做上下两半城。从上半城到下半城，或从下半城到上半城，都得爬，爬，喘着气爬坡。公园？是有一个。我同你讲逛公园的故事。前些天，一个朋友新从上海来。他压根儿没有到过重庆。我约他游公园，得见见世面呀。这人也真是近视得厉害，门口偌大的"中央公园"四个字，竟没有瞧着。我同他爬坡，尽望土，往上，走。都走遍了。只有左边的茶社，没有去。右边的网球场，他也看见。走出园门了，好一阵。后来这小子忽然问道："你不是说伴我游公园吗？怎么还不去呢？尽带着我爬坡！""公园？先前不是逛过了吗？"他莫名其妙。真的，公园是依上半城下半城之间的山坡建筑，一眼望去，还以为是一条山路呢。我就听见轿夫说过："这公园可惜不准什么舆马入内。不然，从大梁子到商业场，倒近捷得多！"

真糟糕。管它四七二十八，只要住的地方舒服，不出去亦行。只要空气好。但这地方的人烟是著名的稠密呀。院子又多会是大杂院，几家合住，像北平似的独院很少。所以你要找什么煤烟气，炭酸气，尽有（这地方，凡住城内的人，鼻孔多半是黑的，即其一证）；还有的是很明显的"上海气"，表现在时新的样式上；就只缺乏一门：新鲜空气。住的又差不多都是楼房，早晨起来，推窗一望：怎的所有的烟突都在冒烟（眼所能见到，动以百计）冒，冒，尽冒，轻烟袅袅，不知趣的人，怕还以为什么地方失了火哩！

真糟糕。不管五七三十五。你说，管它大杂院小杂院，只要房租便宜就行。而且我有一个怪脾气：去参观什么机关或学校，好像不连厕所也看看，总觉得工作未完似的。但是，且慢！房租，在这儿是时别的贵呢。以我这样的破落户而论，因为贪图一点"空气"，住居通远门外。一个小家庭，只三间可住人的房，每年须纳一百八十，还得有一百元的"押佃"，让房东拿去放子金。以这三分之二的钱，若在北平，就可租一小院。从我们的房子走出去，经过一条小石子路，便到马路边。那儿有一个草棚，这样的草棚，不是夸嘴的话，在我们乡间，牛栏、猪圈、毛厕，都比它大。但我曾暗中打听：这草棚原来是租来的。每季七元，每年三季计算，纳租念一元。以前我是看不起它的，从此每回从那里过，因为它的租金高，就不禁肃然起敬了。有一天，因为草棚的居住者多侵占了一尺宽的边缘，我亲见房东的经纪人捶胸顿足，逼住户搬家呢。最近有几个机关，眼见房租不行，开了一个会议，商量几条件：（1）以后房租不论季，按月交纳。（2）押佃不得超过房租一月。（3）房租按地价利息不得超过一分二厘。当时大家都额手称庆。但后来听说要调查房产，丈量地亩，前途还远大哩。从此遂无下文。讲到厕所，的确应该注重，据说这是市政卫生之一。以前我听见一位哲学家说过，人生原是"郁"与"泄"哩。敢情这里就不讲究"泄"。两年以前，我曾在这地方旅行过一次，住在一家叫做巴山旅馆里。一看外面招牌，我知道里面有一个巴山旅馆，但走进去时，"巴山"不见了。这怎讲？门口是换钱摊，再进彩票铺，再进茶馆，更进则招牌是"哈尔登"，是公寓（注：公寓者，烟室也），无论如何，不是"巴山"。我没有勇气再进了，如果再探险下去，里面也许还有新花样。略一打听，"巴山"是在进门后从茶馆侧边一条角道："请登楼"。住定后，"吃喝"之余，我想到"拉撒"了——人总是有几分本能的。问茶房，厕所还隔得远哩。走过茶馆，进"哈尔登"，一连三进，转弯，一条小道直通入一小门：这门总关着。推门，门应声而开，经过人家住宅小门，一连几个，更往里，厕所在焉。一楼一底。但"候缺"的时候多着哩。有一回，正蹲着，一盆水从头泼来：原来这厕所的楼上也住家呀。真是又多一回经验。以此例彼，个中真象，你大概可以明白了。

　　真糟糕透了。好吧。只要住着"无水火盗贼之忧，有金汤城池之固"，如某银行保管库的广告说，亦佳。其实，水灾倒不怕。只要住家不靠河边便得。我知道一个人，随时都拿着水手用的保险圈（他有痔疮），从楼上到楼下会客，亦拿着当坐垫。有了这种陆地行舟法，水灾就不怕了。但火灾却着实骇人呀。这地方，城内的洋房固巍巍乎高哉，但夹壁中是什么，自己明白。城外，除通远门外较好，其余千厮、太平临江等门，城垣内外，捆绑房屋非常之多，所以火灾多着啦。其定律又往往有三：（1）由城外而城内；（2）由楼上而楼下；（3）由烟囱起火而板壁引燃。近两三年来，如千厮门外大火，临江门外大火，焚烧动辄几千家。其余的小火警，随时在报上都可以看见载着。无已，只好想出两大抵制的策略：（1）住城外空旷之处；（2）不住很高的楼上。

职业的选择，因为上关天运，下涉人事，往往不由自主。如果我有随便选择职业的自由，那么在重庆城中，我毫不踌躇的挑选一项：当医生。这地方医学昌明，"营业"佳，收入颇旺。固然有许多初出茅庐的医学士，或不知名的小医生，或者嫌我说的不对。但我说的是较为知名的医生，而且只要你耐心等着，讲求点广告术，总会出名的，迟早。这地方医生的门诊金额颇大。在北平，以陆仲安先生之名震一时，号金才一元，特号始取二元，且多看几次，往往客气不收费。其余西医，普通是一元左右。以德国大夫克礼之声价，出诊亦不过取十余元而已。但这里的医生出诊，十元却是常事。门诊往往是四元，虽然简单的药在内，但稍贵的便要格外加费。有的表面只取两元，但药不在内，他自己虽然有配药室，但总不备齐，因而他所有的差不多都是贵药。一点丸药或药粉，一元二元随便说。而最普通的如硼酸，双氧水，油膏等反叫你到药房去买。且往往再加开药方，叫你到指定的药房去配。因为"指定"，别家人识不得药方，所以又贵了。结果算下来倒还是四元一并在内强些。有一位亲戚告诉我：重庆城内的阔佬看病，先问价钱，如果是一元二元，则摇头，不相信。我想，他们生的大概是"贵族病"。我曾看见一位名医那里的病人，以太太小姐们居多数，而且看样子都红润润的，似乎没有病。他们的病在有钱。这位亲戚的话，可以证实了。她到这里才两月，但某医生的门诊几元，某医生几元，倒比我清楚，而且是"贵"的居多。你如果想，医生的职业是含有救济人类的意味，应该悲天悯人，至少应有只眼睛（即全体的四分之一）不看在孔方兄的面上：那你就错了。这儿讲究的是"营业"。人最好不要害病。

还有，那当然是做买卖了。先前说过，这地方完全是商业城，最好是在这里做生意。譬如说，囤铜元，便颇能赚钱。这生意我看得准。二百文一枚的小铜元，行市起落很大，最高时每元可换二十七千文，最低只能换十八千文。每逢过节，或金融界微有变动时，必跌，如退潮然，永不会错，从前，我知道一位贵妇人，麦子跌时便囤麦子，铜元跌时便囤铜元。她的院子便是她的堆栈。还镇日打电话到银行去问公债价目。结果，伊赚了不少钱。可惜我们无本钱，只有望洋兴叹了。

不特商人，这地方教员亦多商业化。他们的办法是凑钟点，自然是韩信将兵，多多益善。有某君者，便用此法，获大成功。他对这方面说，没法没法，于是得到一点。对那方面而言，请帮忙帮忙，于是又得到一点。更设法在口头上把前二者隐瞒，辗转哀求，到某机关谋一位置。结果盈余加上分红，他的"营业"颇佳。他是教育界中第一忙人，这种风气颇盛行。每逢年暑假，教育界中找钟点之声浪，响彻云霄！"某校更换校长了！"或"某校大致可稳下去，来头太大哩！"教育界人士奔走骇汗相告。我曾经问过一位"客串"的教员（比如学化学而改教英文者是也），为什么钟点非多不可。得到的结论是：这年头谁不想赚几文呢？说句不好听的话，家里也许锅儿吊着要米煮呢！最初本打算多找几处，以备临时选择，后来觉得弃之可惜，所以宁滥毋缺，来者不误了。

商人们凑集金钱；教员们堆砌钟点；学生们聚集字句。我终于不明白：莫非这也是商业化之一种么？字句者，亦犹思想之货币也。常听得太太们屈指计算："某人存了多少钱，源兴二〇〇〇元，福泰一五〇〇元，鼎卡八〇〇两。某人买了多少地皮，黄葛垭三六〇方丈，椿树头一二〇〇方丈。"学生们便互相告语："某人渊博，他的生字习语记得不少了。""六臣注文选注释，他都记得，亏他还能格外考证出一些条哩！"真的，一架算盘可以吃饭，一部"文选"也可以吃饭呢。（但倘若有人带了开明或北新的语体文选来，因而失业，则作者恕不负责。）你如果想，讲求学问应该注重创造的思想：那你便错了。这儿讲究的是"渊博"。

以上所说，似乎我对这地方很不满意，其实不然。苏格拉底说，婚姻如学骑，马性愈悍愈可练习德性。所以莎士比亚有"驯悍"一剧之作也。现代做人须具此本领。那么，高坎坡可以练习脚劲；没有游览地方，可在家里多用思想。医生索价昂，一年到头可多讲卫生，正不必"山僧结夏期"才"我辈服食谨"呢。商人气更好，它可以教给你名誉不足惜，美人不必爱，佳酿无须尝，唯独一样东西最有价值：那便是金钱。这种"金钱万能"的学说是四年的大学课程所不能教的。这是重庆城给人的好处中最大的一种，我敢说。而且趁此机会，学学珠算。人到三十而不打算盘，四十必空，五十六十必流于饿殍，是不是？

真的，我如果在重庆久住，我亦要弃学营商了。我要先开一家洋广杂货店。再找医生检查，强健肠胃，多吃一点。再设法晚上多睡一点。然后长得胖胖的。虽然不过一个小商店老板，但神气十足，看来竟像银行家。我要成年不请客，"眼睛绿斜斜，只想吃人家"。如果有同乡过路，顺道来看我，我要装不认识，眼睛向上一翻："你贵姓呢？"如果有人要借钱，话还未说完，我要先发制人，说明我亦需要一笔款，那怕月利三分。如果有人要谋事我必答曰："很难"——一面手指指着天，让他揣摩不定：是事情之难于上青天呢，还是指天以为誓，表明真没办法，我要见人不理，惟钱是亲，一钱如命……

（陈叔华. 倘若你住在重庆. 论语，1935 年第 78 期）

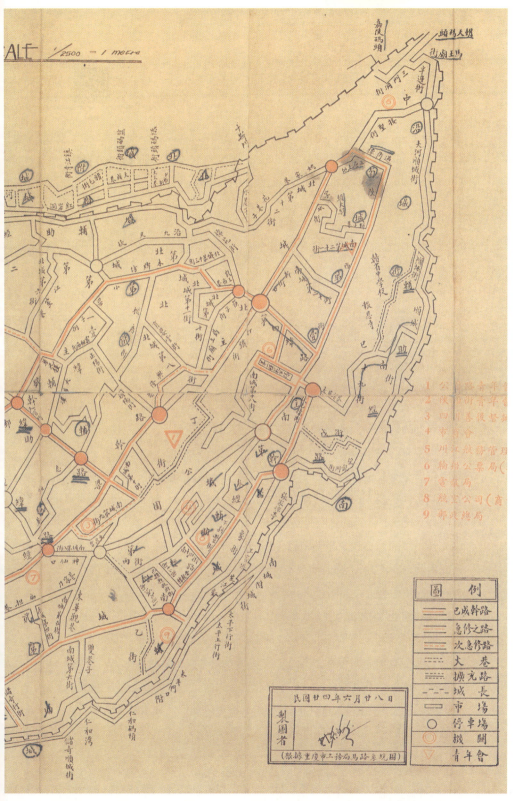

重庆市图 2（1935，局部）

22

重庆忆闹

▼

海戈

　　去年深秋回到重庆……我们一共有三十三个主人同住在一所宅院里，以女的为最多，小孩次之，中年男子又次之，六十岁以上者一人，这些人中有行万里路者，有读万卷书者，有抽过万筒大烟者，有打过万圈麻将者，有找过成万的产业者，每日聚在一起，如何不闹。大概最安静的闹法，是四人一桌，习惯是四桌，有客人来照添，元旦后三日及元宵例外。玩法，除筹码许有外货嫌疑，其余均是中国本位。在未打牌时，总先开一度家庭会议，重要节目（1）为时局问题，（2）为故乡田土如何变卖问题，（3）为临时动议：或论求事不易，或谈绒线衣之组织法，直到觉得口舌徒劳，光阴可贵，于是（4）早早团结，以十二圈后，或有人须赶到别处歇宿者，迟了恐逾戒严时限也。至于小孩则更为闹得有劲，以那时朝夕所闻，均是飞机大炮，于是茶几板凳悉变作战舰，棍棒作枪支，长辈中有矮而和善者，群目之为某国人，充假想敌而包围之，非至一人给一铜板，不言妥协。长辈中又有一善笑者，其声如鸭，每逢他来，一时呱呱呱之笑声四起，均自小孩模仿，群不以为忤，又从而呱呱呱之，一瞬间，实能令人忘却是何世界。

以此，翻看我在重庆过年时的日记，不是"今日大打其牌"，便是"与小孩周旋竟日"。

而那时的重庆市上，也闹嚷不堪，一方是由下口调来许多兵将，伟人及其太太；一方由上流挤来若干难民，富翁及其儿女。重庆本来就城小人多，街道不平而窄，行人道上只能两人并肩而过，猛然增添若干人口，市街又无法挪移加宽，于是每日出门都如赶香会，大家像存心在挤。又以重庆房子太奇特，左歪又斜，上大下细，而每家都有十来只烟突，有时走在路上，忽见道旁冒烟，疑为失火，站上台阶低头细看，人家才正在午炊呢。又以那时重庆烟馆极多，每馆门前均见香烟缭绕，雾气腾腾，久久不散。又以那时各种车辆轿子俱齐，抬轿者无一不抽大烟，无一不褴褛如鬼，如此等等，满满一城，安得不闹，所谓"乌烟瘴气，乱七八糟"两语，可作最适宜的诠释。

大致自"三三一惨案"以后，重庆就只是闹而不乱，不过，这样闹法，总不大适宜，所以我老早想离开，终因为生活问题所迫，竟胡里胡涂混了半年之久。所幸我"办事"的所在，到还算是闹中取静。可恨当时脑筋不能冷静下来，好生写成一篇有系统的东西，至今只剩得几段零碎的日记：

廿三年十二月 × 日

有两月未曾写日记，是在平在汉穷愁中未有的事，实在因为闹得慌。

算是又到了一个机关，这机关里有男有女，说不定以后还要添小孩。

这里有两个头目，一个头目管书，一个头目管钱。三个同事，一个是他，一个是我，一个是女的。五个听差，我刚来，不大清楚这五个的用处。

管书头目是新自海上归来，大致头脑甚新，面孔却甚板，见面时，只爱提王云五，无法证明他们是否有交情。

管钱的头目，个子狠大，人还和蔼可亲，前天初次见面，我问他贵姓，他不说他姓甚名谁，却说"我是 ×× 长的姊夫，×× 长是我的妹弟"，答语是那么曲折，使我一时不能恍然，先怕有失官体（我的聘书是委任状，有官印，虽无品级，想亦官中之一格），只得唯唯称是。昨天会见那位男同事，始知管钱的头目不但与 ×× 长数重亲谊，且 ×× 长之上级长官某师长，亦是他的同乡，或说他是某师长之同乡亦可。谈余，还约我一同到他房间里去闲话，盛情难却，我只得去。一进门，就发现他床上有盏"红灯"，原来是个瘾者。在这与书为邻的机关里面，抽抽大烟，其实倒狠清静，有时灯旁看看通俗小说，也许可以多识些字儿，于他自己倒合算。并且这种胆量，我亦佩服，既不怕此时正在严禁公务人员吸烟，又不顾我们这地方将来每天有若干人来往，大可妨碍官声，单这一点，便有几年官星高照。于是那位同事和我都肃然起敬，听他演说昨夜看电影的故事。他说，"我有生以来未曾看过电影，昨夜同××长与××主任进去，一院都是电灯，正中悬一白布，不知是干什么用的，坐了一会，电灯全灭，我以为戏已演完，刚要动身离座，忽然喳喳喳，楼上放出一道白光，哈哈！那才奇怪呢！"笑得极其天真，也极其大方，不失官家体统，跟着还低声向我说："是××长买的戏票，一人五角，三五一元五。"

伙食倒开得不坏，因为今天是"冬至"，竟得大吃牛羊肉，我也是有生以来第一次吃到官饭。

十二月××日

昨天我和管书头目只干了两个钟头的事，就是用木质关防盖印书籍上面，其余便无事可做，大概公事多半如此。

下半天我上街去会人，回来一个也不在，听差说管钱头目被人请去吃饭，男同事没有来，女同事是她的"外子"约走了。

正打算提笔写点什么，口有点渴，大声叫"听差"，半响无应者。

以此，我又回到伯父家里。晚上再来，管钱头目便着人来请我商量分派听差的职务，以楼的层数而分，楼共三层，以三人专任，一人专事跑街，余一人暂留在他的房里。所留者其实是他上任时带来的人，常常和他开烟（川语，烧大烟的人，又名打烟将），有不可须臾离者之势。反正这是他的职务所在，我听他说说就完了。但，这五位听差，经了一分派而狠认真起来，譬如今天早上写了一封信，叫听我住这层楼的"差"，凑巧不在，叫下一层的，他应了一声，不见动静，再叫再应，仍然不上来，大概叫到第十次上，我有点发气了，但不能闹，因怕惊醒头目们的好梦，只好亲自拿着信下楼去寻他。他告诉我，上一层的听差出去了，请我就在下一层等着，他去代我寻回来，不由我再有所分辩，他已跑了。这算我暂时替替他听着差的意思。幸而还快，那一位找回来了，问我什么事，我把信交给他，他却坚决反对，说这是专事跑街道的职务，与他无涉，我还是沉着气问他们，这里离邮局有多远路，问明白后，便自己去寄，来回不过费了五分钟。

在吃中饭的时候，我委婉地将此事告诉两位头目，并一再声明我不大懂衙门的规矩。

午后，那位男同事来了，他说："这里的听差太不像样了，有的奸猾，有的笨头笨脑，都不适宜于我们这种机关；不过最讨厌的是全有来历，连我们的头目也把他们无可如何。譬如某天早上，我按时来办公，他们竟一个也未曾起床，这事情，怎么办得好！"他说着，渐渐愤慨："总有一天，我要痛快地闹他一场，索性大家不干，完事！"

二十四年一月 × 日

公然集合了众同事大开其会，除了 × × 长不来，仍是我们五个，公推我当记录，由管书头目做主席，他刚板好面孔，开口说了一个"兄弟"，管钱头目便被他的专用听差喊去了，他临走连说"马上就来，马上就来"，于是继续开下去。两分钟，进来一位木匠工头，大致是来讨账的，还未说话，就被管书头目撵走了，不到五分钟，那位男同事感得足下僵痛，大声喊听差提热水，打算当众烫足，这倒先得我心，因为天气实在冷，水还不曾来时，管钱头目重新加入了，口里还雾腾腾地。那位女同事恰好同他坐在一面，便顺口告诉木匠来过的事，他忽然得意拍着桌子说："幸而我不在，不然，他一定不肯走的。"那位男同事赶紧抢着问："究竟公家欠了多少账？为什么我们的薪支还不发呢？"

我一回头看看管书头目的脸更板得有劲了。

这样，闹去一个上半天。

午后才分好了工作，我的职务是暂时登记文学类的书籍，以后再说其他。所谓文学类者，一共有四百四十余本，此中几乎有三百本是二折书，又以《后水浒传》为最多，计有《后水浒》《荡寇志》《续水浒》三种，共十二本，实是一部。我仔细检查，其中旧的无李白、陆游等等，新的尤胡适、郭沫若等等的作品，参考书只有一本六毛钱的学生字典，连网鉴都没有，内中却有一本李顿爵士的调查团报告书，这便是我清理的文学类，但不要小观，据说这是此间 × 政府特请专门之士几度开会讨论出来的书目，其用意在供本市市民之要求，并非谁的私见。以我私下计算，各类的大书再加上儿童唱歌集，不满三千册，重庆至少有五十万人，平均约二百人共读一本，大致将来我们这个机关开幕，还有相当的闹热。

（以下略去）

再抄下去，诚然闹热，但不免要开罪那几位可爱的同事，而且大家都不过是为生活所迫，以此常常弄得牛头不对马嘴，至不济，我想总比广东军人提倡读经，湖南武士禁止简体字要错误得好一点，不过大家这样胡闹下去，要几时才得清静，才得不幽默？

终于因过不惯这些闹法，竟忍心分别了那三十二个族人与四位同事，惟内中有四弟如并者，情致殷殷，遂作"四 F"诗三首赠之：

> 吾家弟兄俱不幸，弟在渝城我去沪。
> 都为全家需白米，拼将两手换青蚨。
> 童年悔未从商业，乱世才来学画符。
> 累劝绸衫缝一领，谓能随意走江湖。
>
> 娇韵排成四个 F，而今社会尽豺狐。
> 遥闻塞北风云动，又听川南匪盗呼。
> 我自爱诗兼爱写，弟能仇恶更仇胡。
> 临行无限绸缪语，一片冰心在酒壶。
>
> 若问歪诗尚有夫，行看万里学摇扶。
> 除君此地无知己，惟我独尊不在乎。
> 五十申钞壮行色，八千子弟随老夫。
> 他年若遂凌云志，回到家乡共蓄须。

末首用典甚多，第一句借自《笑林广记》，二句用《庄子》，三句隐唐人诗，四句为美国哈佛大学生神气，五句系新典，出处待考，六句有项羽口气，而非效其办法，七句全引宋江题浔阳江酒楼及诗原句，八句见某书某页；又首句"夫"下平声，六句"夫"上平声，均须至注释者。

（二十四年十二月十六日）

（海戈. 重庆忆闹. 论语，1936 年第 79 期）

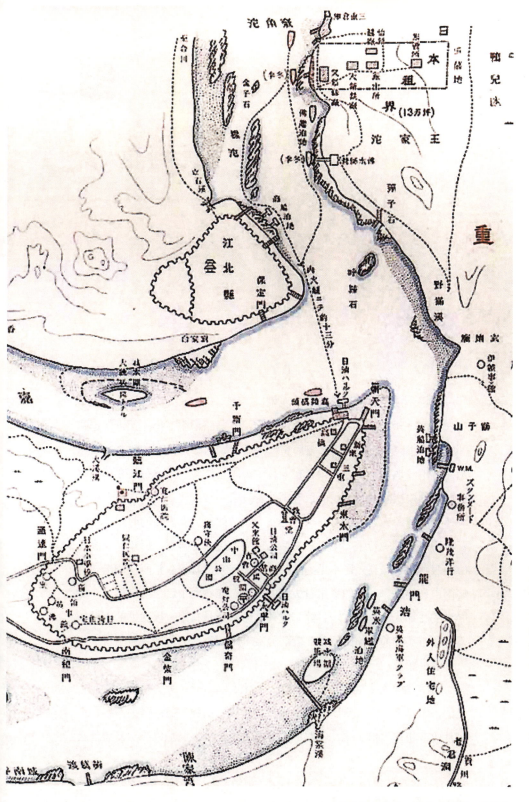

扬子江内案全・重庆（1935，局部）

重庆市上闲人多

▼

王治裳

这显然成了一种通常惯有的现象！

趁了午饭或晚餐后的休息时间，你沿着马路溜得溜得，无论你走到都邮街，小梁子，商业场，县庙街或陕西街，两旁人行道上的过客，总是川流不息地挤来挤去的，且在人丛中夹着了许多闲人。有的在那儿数商店似的挨次的把各个铺面很悠闲的看过去，紧管他一些儿货品也不想买，有的把眼光直射到对面来客的脸庞上，如遇男女觌面的时候，不免互相瞟一眼，倘若是一见倾心的话，还得掉过头去再看，那一只像偷儿似的眼睛，直送到人影不见到的时候才掉回来，有的东张西望摆出一种悠闲自在的样子，有的竟用着极慢的步法，拖着两个疲乏的脚腿，一步一步的在那儿计算着脚步，除了这些，当然还是有来去很匆忙的人们，不是俯着头向前冲撞，便是飞着腿只顾奔跑，不过，这些人似乎占了行人中的少数。

还有的是在上面指出过的几条马路上，有好几个地方是装得有收音机的，不是在大唱其京剧，便是接放着川戏，高腔锣鼓胡琴的声音，全可从收音机里发散出来，行路的人多半是爱热闹，又加以心头没有什么事，所以都很愿意站在那儿听一听，这样一来，安设得有收音机的商店或茶楼，它们的前面，便挤满了一大堆的人，有时竟妨碍行人的来往，原来放收音机的商店或茶楼，初意不过想藉些儿兜揽一般雇主的，那知道结果是一般人为着听收音机而来，一到收音机停止的时候，这一大群的人们便一哄而散的，听便宜戏的人们，并没想到买什么东西，店主们是失望了，可是这些商店的主人们，坚持着藉收音机吸引一般顾客的政策，收音机老是整天地在那儿叫响着，行路的人们当然又一群一群的集合在那儿静听着，等到收音机停止的时候，人们仍旧一哄而散了。

沿着这几条马路的许多茶铺，随时都有很多的人在那儿闲坐吃茶，还有几家茶楼在下午请有所谓下江姑娘在那儿清唱京戏的，更是惹起了有闲者的兴趣，几乎无时不告客满。青年会后门的一个中山公园，一到下午，上坡下坎，早已挤满着游人，与其说是在自然环境中呼吸新鲜空气，不如说在各色人山中多嗅些汗臭炭酸气，中山亭中的四面栏杆上，挨次坐满了人，倘若你看到这种现象时，你将想不到这是一个供人游览的公园，的的确确很像一个借路过的人行道。

大凡在一个都市里，是很有不少的闲人的，重庆当然不会例外，怎会值得大惊小怪起来。不过，在重庆这个地狭人稠的地方，第一因为它是倚山为城的，平坦的街道没有好几条，人们似乎都麕集在一块儿不易散开，看起来似乎到处都是人头挤挤一样。第二是因为在这地方，类如娱乐一类的场所很少的，在家中闷得无聊，所以只好到马路上来溜溜，结果，马路上行走的和茶铺里喝茶的几乎大多都是些闲人，可是我总觉得重庆市上闲人多，这显然成了一种通常惯有的现象！

（王治裳. 重庆市上闲人多. 现代读物, 1936 年第 5 卷第 13 期）

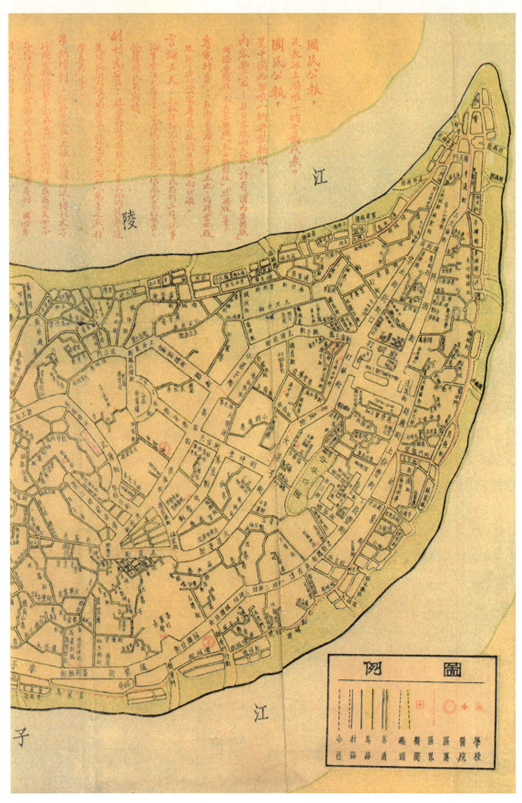

重庆市街道图（1937，局部）

谈谈过年 [1]

▼

孙关疆

　　旧历年节，虽早经政府通令废除，但日历仍旧是阴阳合璧，乡下的人说没有阴历，不好做庄稼，这当然不是问题，只不过积习难除罢了，现在又是"爆竹一声除旧，桃花万户更新"的时候了，所以特地谈谈过年。

　　乡间根本不知道有所谓新历年，反而旧历年大家却非常认真，有钱人很早做好麻糖；冬至杀猪后，用柏枝熏好腊肉，做香肠，买细面，买肥公鸡，到十二月廿三晚上，家家备净茶糖食，烧灶疏，送灶神上天，希望灶神在向玉皇奏疏时多所庇佑，这种祈神宽佑的心情，很足以表现一般的幸免心理。三十日早上起来杀公鸡，先铺钱纸在堂前阶上，然后滴鸡血，再在血上黏鸡毛成福寿字等，待猪头和全鸡煮好了，就开始敬天地及坛神、药王、土地、山王诸神；无非是感谢上帝对于家人之护佑，牲畜之长成，谷米之收获；并祈求保佑以后家门清吉，百事兴隆的意思。敬神毕，再用絮菜敬祖宗（据说家神是不能享受全牲的），并打年饭，烧赙子，全家大小一起磕头，事毕，阖家吃年饭，每每就是不在家的亲

———————————
　　[1]　编者注：此文刊发在 1937 年的金涪社社刊，生动地描写了过年时的状态；不一定是重庆或四川地区过年的状况，但是有一定的普遍性。

属也赶回来，在家族观念浓重的中国社会里，自然感觉团圆乐趣的无穷。吃年饭的菜比平时备办的要精美得多，老小主雇都能痛吃痛饮，家养的猫犬也得要赏肉二块，所以俗话说："栽秧，打谷，七月半，腊月三十吃年饭"，意思就是说平时很难吃肉，只有这几个节气才能饱餐一顿。

卅日晚上，家家备好香、蜡、纸烛、纸灯、鞭炮到附近的祖坟上"亮灯"，暮霭沉沉，到处灯光闪烁，仓然大有"人生如春梦"之感，觉得自身已与鬼世界相去不远了。是晚敬神封井，翌年初一后方能汲水，入睡颇迟，谓为"守岁"，实在改为"守絮"更为妥切。"守絮"者，拥被睡觉也。

穷人过年恰与富人相反，富人望过年，穷人怕的是年关到了，欠债无法拖延。真是"有钱天天过年，无钱度日如年"。穷人到了过年，家徒壁立，无法为炊，还说得上什么"年事""不年事"。因此乡间有一句谦虚的话，就是当别人向他道贺年时，他便回答说："年是在你老人家里的。"穷人此时或领施米，或向富有的亲戚"辞年"，所谓"辞年"就是要人周济的意思；或肩挑肩磨，以几日辛勤所得，备一餐酒食，几两重的一方肉做"刀头"，淡酒一杯，仍然敬神过年。

又是日，人家多贴门联、门神、喜钱，照例来一套"五福临门"，"春来也，桃红柳绿，时至也燕语莺飞"……红纸鲜艳夺目，喜气扬扬，若能天天过年，岂不更好。

夜尽交了时，家中当事人起来烧"子时香"。事先沐浴更衣，颇为慎重。俗称正当子时烧香，家运必盛，并置十二酒杯于桌上，随意各置放一豆于杯中，视豆之丰瘦，计其代表之月数，就能断定那月雨水的多少。

初一起，家人忌倾水，谓倾水主银水外流；忌见秤，谓见秤兆多见蛇；忌说"人熊老虎、朱八戒，大头猫牵鬼卖"。家中大人并于过年几日一一吩咐孩子，不得犯戒，若孩子啼哭，遭父母谴责，谓为"封印"，兆是小孩一年不好，多做笨事。

初一晨间多吃汤圆——圆宝。午夜两餐多食面。早餐毕，家人齐向诸神及祖宗拜年，晚辈向长辈拜年，一般旧式头脑的人，还在勉励子弟发奋读书戴"顶子"。富贵家多订一日为接受拜年期间，族戚邻里，济济一堂，颇称闹热，或打锣鼓，或斗纸牌；正月又是农闲期间，大家乐得心花怒放，拜年系恭维别人意思，普通能多多拜年，便能处处讨好，糖食包包，提来提去，两无损益。惟一般地方绅士对人多来而不往，正月为干赚糖食机会，亦即平日作威作福的报酬。

孩子们，在过年期间内，既不读书，又可玩大头和尚，鬼脸壳，关刀，矛子，喇叭，轻气球等玩具，或踢毽子，又可得大人们的赏钱，快乐不可名状。

城镇过年，多举办灯会，扎牌坊，立灯杆，做上元大会，并玩龙灯，耍狮子，推车车灯，所谓车车灯，系选面目清秀之乞丐装饰如女子，站在无底扎绸花之竹轿中，由两人将轿前后推动，么姑（乞丐）亦在轿中，随轿进退，另由一"三花脸"——丑脸调戏，唱什么"么姑年纪小，针线还要操，婆婆死得早，全赖嫂嫂教，教也不会，挨打剪刀背"，并由其余帮手打连枪帮腔，挨门卖唱要钱，彻夜不绝，十五日晚，大年已过，用花筒烧龙灯；十六日，"火烧门前纸，大的做生易，小的捡狗屎"，年事遂完。

一九三七年，二，九。于渝四川商业银行

（孙关疆. 谈谈过年. 金涪社社刊，1937 年创刊号）

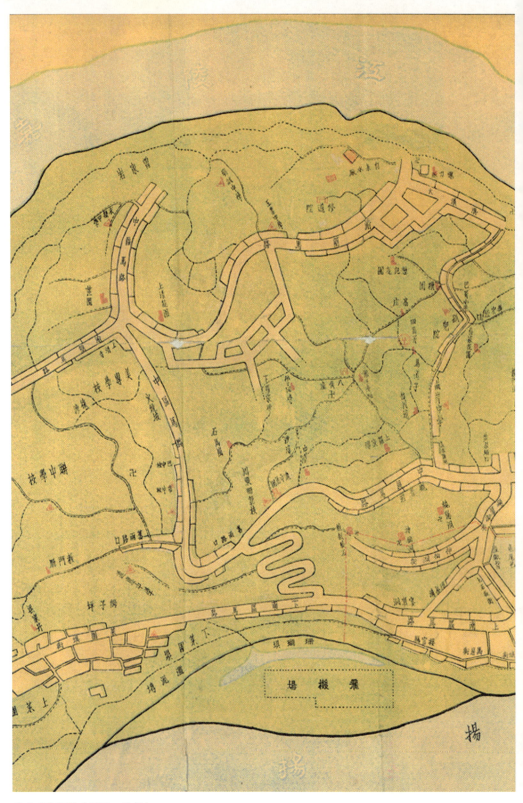

重庆市街道图（1937，局部）

25

重庆风光

▼

田野

一、从过年说起

新年才过去不久，日历也是正揭示着二月初，阴沉沉的天气和以前并没有两样，可是，只有一两天就是"除夕"便又要"过年"了。街上的商店，已经由春、夏、秋、冬的大减价，换成了年终大减价，新年大减价，用着种种的招徕方法兜揽着主顾；路上的行人，比平常多了一些，走起路来似乎也显得匆忙了一点，他们的眉毛挤得更紧，额上的皱纹也堆得更多更深，面孔是那样地显着愁容，所表示的，无非是"年关"难过而已。

许多的商店关上门了，贴出那招盘或出佃的条子；许多的商店萧条得无人上门。照说哩，年节是应当比较热闹和繁荣，可是，今年的却显着特异的萧条与凄凉。

虽然，许多人是在醉生梦死中过着极奢侈的生活，许多人忘不了他自身的享乐；可是在这米如珠贵，由二元几涨到四元几的时候，却正有成千整万的人在掘食着草根树皮，甚至连饮水也发生问题。重庆的几十万人口中，不正有若干万人在吃着自己的肉和喝着自己的血吗？

在穷人，年关就是难关，常常被债主逼得上吊跳水；"年"，在小孩的心理中，也不引为喜欢了。可是在重庆过了新历年又要过旧历年的这时候，已经又有一部份人在大吃其年饭了。

贫与富织成了都市破烂的网，重庆便在这下面透着灰败的气息。

二、街头攫物者

为了生存，夺取食物是不会认为犯罪的吧！在街上，每每看见卖食物的小贩仓惶地抢护着自己的东西，满地的食物被一大群衣褴褛的大人和小孩争夺着，原因是实在活不下去了。固然有一个新近设立的施粥厂在施粥，可是成千整万的人究不是一种小规模和临时的慈善事业所能救济的，他们便只好在城里随处觅食了。

警察哩！即或望见了也只有苦着脸，没法解决民众一般的生活问题，治安是根本不容易维持的，何况这些警察们的武器——指挥棍，已经在一再毒打黄包车夫天下，给公安局没收去了。

重庆是个山城，虽然近年来马路的逐渐兴修，但坡路的斜度仍旧特别的大，当下坡路的车行正急的时候，冷不提防头上的帽子和手中的东西就会脱身飞去，等到车子停住，则在小巷中，人影与东西早已共杳。

再次，谈谈乞丐吧，他们在街上成群结队地追逐着行人，从街头直送你到街尾，甚至走过几条街。有时也许在你不留心的当儿，会攫去你的钱袋，皮包之类。

最近虽有收容乞丐和驱逐出境的事，然而收容却大有人满之患，出境又将往何处去？近来市面的乞丐并没有减少，而且为了年关在迩，大有日益增多之势。

三、重庆的交通

四川经济中心的重庆，其繁荣，全在货物的转输上。一方面集合农村的产物而运输出口，一方面又吸收省外的工业品而消纳到农村，这在交通的联络上便极形重要了。

可是渝申直航，因冬季水枯而停止。渝宜交通，也因本年江水的极度低落而中断，渝宜两地的货物各积至数万件，省内外因之供求不应失去平衡，造成物价的狂涨与猛跌的现象。又自老蜀通轮被难而阻塞青滩漕口后，民生公司的三段航行办法亦因之发生困难，必须在青滩一段由陆转运，其效力之削减，已可想见。最近蜀通方告出险，而民十八年新滩沉没之蜀和轮，复出现阻住漕口，民生公司拟将新滩为中点，分为两段行驶，刻尚在派轮试航中，如仍有障碍，则省内外交通，势将完全断绝。

且渝合线因水浅有停航消息，如此，重庆与川北方面，又将失去联络，未来情形，诚不堪设想。在川省连年以来，兵灾、匪灾、蝗灾、水灾，尤以今年为巨的旱灾，已足使几千万的人民难于生活，今因交通阻绝，失去外来的调济，我们能说四川是民族的根据地么？

重庆这交通的枢纽尚且这样，其他地方的情形也就可想而知了。到现在，我们便不能不想到了川汉铁路。久已等筑的川汉铁路，现在路既没有，已筹的路款也茫然；为了交通受些不应当受的灾害，能不为全川人民一哭？

四、重庆的金融

重庆是商业的都市，资金融通的需要，就更形重要。在经济机构中首屈一指的，便是银钱业。本市共有银行十数家和钱庄十数家，除政府银行有其特殊关系外，大多是营普通商业银行业务。

在金融界里的特殊情形，就是大半都经营投机事业，前两年的狂赌申汇，近来的购买公债，都是想在时局的变化中，以谋取利润的。

银行业中，好像是先天决定了吧！政府银行和普通银行是绝不相问的。政府银行往往自高其身价，带着那付十足的官僚味，对于普通人民自然不张不理，即对于同业往来亦傲慢之至，因之除了不得已的事情，必须低首下心与其往还外，只有令人望而却步的。普通银行因为营业上互相竞争，便不从对待雇主周到方面入手，因为比较客气，与人民能够更洽近些。

至于向农村方面投资，举办农村放款，农业仓库等事业，为数真少得很。最近方有一二家计划到四乡建筑农业仓库和发展信托事业等，这真是凤毛麟角了。

五、重庆的文化转输机关

图书馆

在这有四十多万人口的城市，一般需要知识的人是如何的多而且迫切？可是本市的图书馆却只有两所：一是青年会的蟾秋图书馆，是藏书比较多而地位亦较适中的一所，但大半是些失去时代性的书籍和普通的小说之类，要找最近出版的或能适应社会思潮的，真是可惊异的稀少，或竟至没有；一是市立图书馆，所藏亦不过刻本的经史子集之类，更因地址的偏僻，有许多人还不知道，自然，其作用便可想见了。总计两处每天平均的人数，也许还不到五百人吧！

书店

本市的书店也不在少数，尤其售珠市一带，是被人称为文化街的，但所售的却大半是大达书局的一折书之类。虽一二也卖杂志，但也就可怜得很。不是电影明星一类的画报，便是麻醉论调的刊物，前进而能代表民众意识的，根本就不会出现，能不是检查制度的功效？

更为不通的不便，由上海寄重庆的书报，恒在出版两周以后，现在更断绝了。四川文化的落后，这是最大的原因。

六、报纸和定期刊物

末了，应谈到此地的新闻和出版物了，本市的报纸，大大小小合共起来，至少有十几家，但比较的仅二三种而已。

第一，国民公报：这是去年八月才出刊的，每日出版两大张，星期另有增刊和画刊，编辑和版式，大致是仿大公报的。因为有某银行投资而经费充裕的关系，纸张和印刷上都很精良，虽然见面才九个月，却大有后来居上的形势。

第二，新蜀报：这在重庆已有了十六年的历史，每日出版两张，逐渐改进，仍不失其精悍的特色，最近有改版的消息，但是迟迟还未实现。

第三，商务日报：每日出版三大张又半，大部分的篇幅是给广告占了，印刷也很粗劣，油墨气味的过分浓厚和一些错是使人难以阅读的，在本市鼎足而立的三家报纸中，是呈着老大而落后的趋势。

至于其他小报，除了摘取大报上的消息而外，也不过是些迎合低级趣味的东西，要找短小精悍的文学实未曾有。舆论的不自由动辄得咎，在重庆是极其显明的。

本地出版的刊物，一共有四种，都是青年团体的组织，一是《山城》、一是《黑昼》、一是《春云》、一是《人力》。前两种是纯文艺的半月刊，尚能从社会情况方面描写；第三种也是半月刊，不过性质好像流于有闲阶级的读物了；最后一种是周刊，这组织比较的大，是由将近百人的社员所出版，内容方面，各种文章均有一点，是一个杂文刊物了。

在这几种刊物中，篇幅都是很小的，而且为了环境的恶劣，更不能言所欲言，其生存也正像大海中的泡沫一样，那是黎明的前夜啊！

七、结尾

来重庆还不到两年，使人感受到的是两种极端不相同的情形；有了享乐就有了罪恶，有了使用极现代化生活的主人，便有了过着比牛马还不如的奴隶，社会愈发展，贫富的阶级愈鲜明。社会机构蕴藏的危机也愈深，其结果只有促成它早日崩溃。

最后我对重庆唯一的印象是这漫天弥漫的煤烟和灰尘，还不如这灰败的气息浓厚。

一九三七，二，八。重庆

（田野. 重庆风光. 金涪社社刊，1937 年创刊号）

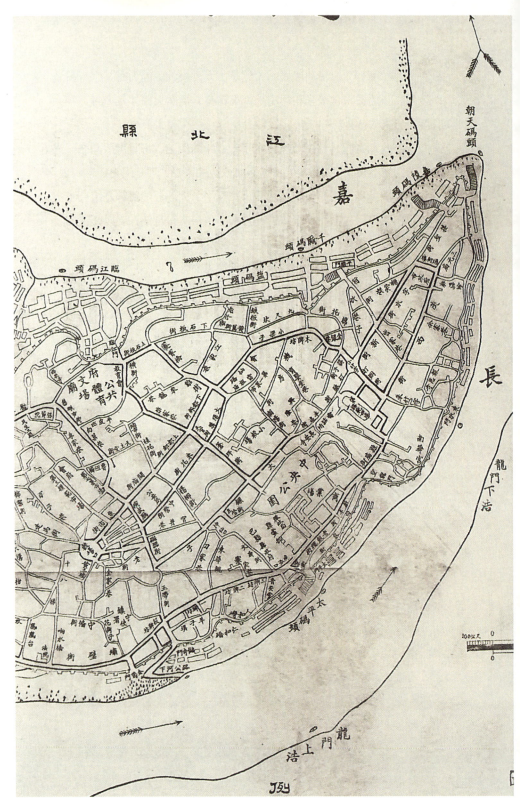

重庆市城郊图 1（1937，局部）

重庆杂咏

▼

庽庸

余于民国二十五年十二月二十日由安庆入川至二十六年一月四日始抵渝。生地初到，风俗人情另有一番境象，客居无聊，散步街头里巷，琐事闻见，所及偶成小诗二十余首，竟无一重韵者。适友好函来询渝市游况，即足成上下平三十首附之，以博一笑。王君温甫主编华西月刊，索稿补白，见案头置有此草，嘱刊入报尾。余来渝市仅三数月，既未就教于人，难免传闻之误，辞不获已，遂弁数言于首，幸邦人君子指教而纠正之俾成史实，则所企祷者也。

一

壮游万里到川东，风俗人情迥不同。客里消闲无个事，聊将闻见附诗筒。

二

抵埠未消晓雾浓，渝城隐约半山峰。搭舟登岸肩舆换，石级骇人数百重。

> 重庆市在半山中，朝天门码头距水平一千四百余尺。初莅渝市者仰望石级，罔勿目眩心骇。

三

环抱嘉陵扬子江，果然形胜是无双。不嫌对面崇楼隔，处处峰峦绿到窗。

> 重庆城三面临水，环抱嘉陵、扬子两江，不愧为四川重镇，而江北江南峰峦叠翠，崇楼杰阁中四面均可看山。

四

地少平陂忆旧时，至多三步上堎墀。而今修得康庄道，新式汽车任意驰。

五

崇楼杰阁何崔巍，都市繁荣是也非。细审通衢建屋者，堂深数尺正门扉。

> 渝市沿马路市房少有三层以下者。崇楼杰阁虽歇浦江头亦无此整齐。然小梁子一代之市屋深仅数尺，盖地小人稠不得不建四五层屋以供需要也。

六

大都代步恃肩舆，彩幕绣茵意自舒。前短后长奇特制，行回湫巷可如如。

> 渝市新修马路，而小街巷仍不通车。唯一代步为肩舆，有钱者饰以彩幕绣茵，其轿之制惟两轿杠穿一加顶藤椅，而椅不安杠之中心，紧靠前肩。初以为异。嗣经湫巷后，肩者将轿杠举高则转折自如，其上山下坡为履平地，不愧誉川中轿夫为全国第一。

七

闻道成都味可口，筵名哥哥与姑姑。留春幄是人人说，费勿多时到青蚨。

重庆市招有极奇突者。如成都味、哥哥筵、姑姑筵、留春幄、青蚨、费勿多均饭店名。人人说腊味，庄贯串成诗颇有奇趣。

八

摊贩兜售下酒物，牛猪熏腊与全蹄。夕阳西下灯初上，争市街头棒棒鸡。

小贩之售熏腊者到处皆是，其数不可胜计，而棒棒鸡为个中美味。相传有张姓者为最佳，每日于傍晚时始出挑，至一定地点不一小时即售罄，有同嗜者咸每夕至其地相候。张某死，其子虽世其业而味不如前。所谓棒棒鸡，系最初发明者以两棒相击而代唤声云。

九

电火霓虹耀六街，游人如织敞襟怀。可怜落溷青楼女，略一凝眸与子偕。

十

乞丐蛮横亦怪哉，沿门餐馆共徘徊。见人食毕刚停箸，争倒余羹抢进来。

十一

笑指楼头满室春，莺声燕语乐嘉宾。漫将檀板供欣赏，好引渔郎来问津。

十二

炷香男妇一群群，佛号竞宣佛果闻。旗鼓彩亭无别物，堆花双烛百来斤。

十三

满街赃物公然卖，胠箧自应无晓昏。最是较场易得手，通衢九达好狂奔。

在通衢抢物者甚多，行道咸有戒心，而尤以较场口等为最，盖通衢九达也。

十四

揣骨听声仔细看，君平隐市指迷端。可怜多比过江鲫，求卜无人心自酸。

较场口一大棚内卜卦相面无虑数十人，而散居里巷者又不知凡几，亦奇观也。

十五

新用当炉数翠裳，文君艳事传人间。比来忙煞登徒子，消夜天天到市阛。

饭店用女招待后，无不座上客满。而川中以晚饭为消夜，中产以下消夜以市□为多，而为女招待者亦半。

十六

相传果老是神仙，遗韵流风在锦川。我欲访谈天宝事，此中有否李龟年？

张果老以唱渔鼓道情之老道而庙八仙之列。川中业此者甚多，名口竹琴。演故事之前例须以古人诗句四句为四段衍成若干句，仍落本题，非通翰墨者不办。近则专恃口传未见佳者，亦憾事也。

十七

祝融施虐是朝朝，万屋云连顷刻消。寄语有钱置产者，从今建屋少灰条。

渝市建筑外表三四层而均系灰条墙，一遇火警则绵延一片。近来亢旱火警尤多，观音岩等处不下千户可惨孰甚，且有一日数警者。故一闻警钟声鸣，未在家者莫不惴惴也。

十八

终日街头捐布包，流通货币换钱钞。虽然只博些微利，全仗心灵手腕交。

捐布包在街头换铜子者，如心灵手敏与各钱庄有往来信用者，可赤手博佣，亦生财有道。

（编者注：十九至二十五因缺）

二十六

不是好为秉烛游，大都局促屋如舟。通衢散布当庭院，我亦随波做逐流。

一日同王君华甫散步街头，只见懂懂来往。续王君讲，川人好游。余曰：否。市区小而人稠，其居者大都三两间，偏居楼上。若不在马路散步，则终日如入樊笼，余亦此中之一人也。王君不觉大笑。

二十七

争市翠发只数金，或供驱策或抱衾。若非旱魃连年虐，卖女难为父母心。

川中连年亢旱，妇女出售仅仅数金。下江人卖为婢或为小星者……

（编者注：余下注释不清，遂未录）

二十八

短榻横陈兴正酣，鱼更三跃食思甘。北川凉粉南川面，口渴门前买柑橘。

（寓庸. 重庆杂咏. 分别载于华西月刊 1937 年 9、10、11 期，1938 年 19 期）

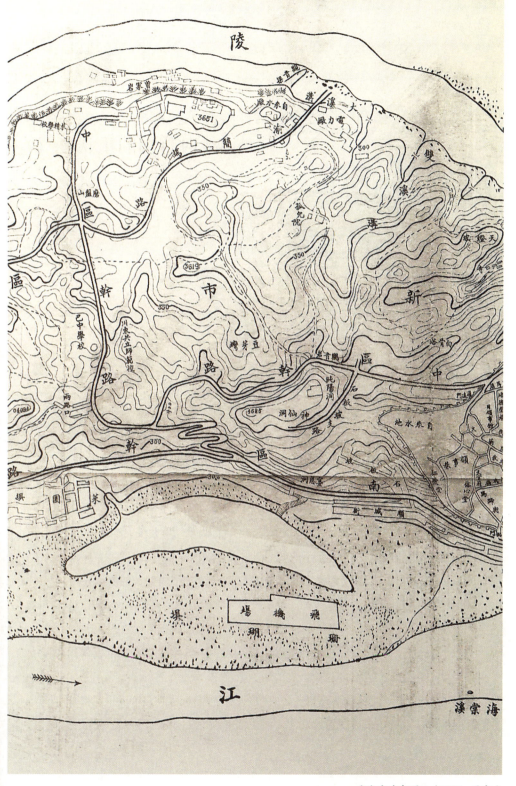

重庆市城郊图 2（1937，局部）

战时首都的重庆

▼

雪人

战时的浪涛，把我从上海卷到了后方，漂到了重庆。

上海，东方的繁城，现在是成了辽远的孤岛，她的文化，经济乃至交通，是完全与我们暂时隔阂了，凡从黄浦江畔逃出来的我们这般人，无不在深切的关怀她！同样的重庆，这后方的重镇，战时的首都，关于她的情况，动态，或许也是孤岛几百万同胞所悬念而愿意知道的吧。

重庆是一座山城，正如香港一般，迂回的柏油马路，高矗的洋房大厦，都是建在山峦的上面，她正扼着四川进出口的咽喉，为大江上游最重要的都市，繁华热闹，并不亚于港沪，四川人是向称她为"小上海"。

的确在重庆，会使你疑心是置身在上海：如梭的汽车，似蚁的行人；招展的商标，闪眼的红灯……，除了没有洋租界外，她真是大上海的一个缩影，不曾到过四川的人，或以为在荒僻崎岖的四川，一定是找不到一个新式的城市的，但这里，显着的，事实摆在眼前，证明这猜测的错误。我敢说，重庆的摩登，还不是苏常所能相比呢！

特别七七事变，国府迁来后，市民是兴奋了起来，人口是增加了起来，使她形成了有史来最辉煌的发达，现在广州，武汉也已沦陷，她是成了目前中国唯一仅存的大都会了。

但正为了如此，在广大难民汇集的情况下，这里一切衣食住的必需，顿时都起了重大的问题，尤其因战事的影响，货物进口，非常困难，所有洋纱、五金、纸张、汽油以及其他日常用品的价格，莫不高涨起数倍，好像卡德墨水需一元一瓶，五〇一华孚自来水笔售三元二角，从前二角钱一只的漱口杯，需要八角，因此，向靠洋货生活的人，无不叫苦连天，群喊着说："还是上海便宜！"然而这对于乡下的老百姓，确一点没有影响，并且反把他们的土产提高了价值。

工商业，这里本来是川康的中心，自"八一三"后，由于淞沪的受蹂躏，一般金融界工商界，都认清了上海的不能长久立足，于是相率向西迁移，纷纷集中到附近，如交通银行、上海银行、浙江兴业银行等，都在此设了分行；大鑫钢铁厂、金陵兵工厂、永利硫酸铔厂、家庭工业社等数百家工厂，已将机器运到，先后在此开工，因此更增加了重庆的工业化，并且对于四川前途，抗战前途，也增加了不少信心。商家方面：大三元、小有天等吃食店，兄弟，三友等商店，冠龙，大都会等照相馆，精益、亨得利等眼镜公司，此地莫不应有尽有，沪杭绸缎店，京苏小食店，更到处都是，而招牌上"上海""南京"等字样，益发有满山遍野之势，甚至于秦淮歌女，也在此张着艳帜呢。这地方真是成了同上海一样复杂的都市了呀。

至于文化程度，随着人力物力的西移，已经提高了不少，特别是附近的沙坪坝，集合最高学府的中央大学，省立的重庆大学，教育学院，女子职校，国立的中央工校，医学专校，以及天津的南开学校，成千成万的青年，就在这小小的乡镇上长育着，她实在是成了今日全国最高的文化区域，但正为着这样时装革履，熨发抹粉，也渐渐在这山城中普遍化了。

这里的报馆，在前大小原只有十余家，以新蜀报、国民公报编排较好，抗战后南京的新民报、中央日报，上海的时事新报，汉口的扫荡报，以及大公报等都移来出刊，因此新闻界的质与量均充实了起来，民众的精神食粮，可以说已经比起上海更多了。

由于重庆地位在万山丛中，与伦敦一样的经年多雾，所以敌机是不易光顾的，"七七"以来，市民始终浸融在和平的氛围里，过着闲适的生活，难民们是把它认作了新的天堂，群趋着求快乐的生活，抗战在重庆，好像没有多大关系，但可惜半月前，太阳牌的铁鸟，终也送来了十多个铁蛋，使百多人鲜红的血染污了平宽的马路，警惕了迷糊的人心，于是政府忙于疏散，百姓急着下乡，淫奢的情形，是大煞了。

总之：重庆，在抗战的净火中已经蒙上了时代的新衣，在抗战中，她是后方的重镇，在建国上，她是西陲的中心，无论现在将来，她的使命是不小，虽然目前的情形，还有不少的弱点，但当局的，力求改进，辛勤建设，光明灿烂，已经是不远了。

一别上海，转瞬十四月了，狂涛中的孤岛，究竟怎样，常在我们的念中，至于这里，我可以告诉诸位：新的中国，正如热烈的太阳，辉煌于山川之间，诞生在四川的盆地中。

（雪人. 战时首都的重庆. 时代生活，1939 年第 5 期）

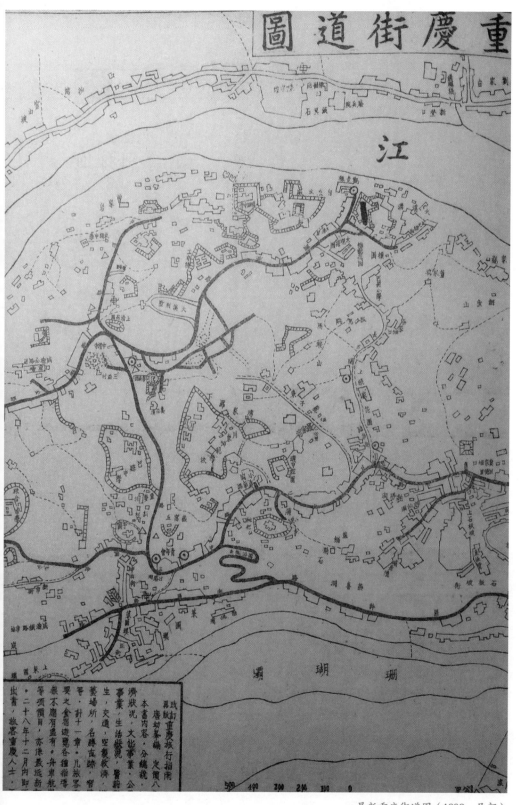

最新重庆街道图（1939，局部）

沙坪坝

▼

吴锡泽

抗战以来，有不少的重要区域已沦陷在敌人的铁蹄下面了，有不少的名城已为敌人的炮火所毁灭了；然而，在内地里，却也有着很多一向不为人所注意的文化落后的地方，竟因此而大大的繁盛起来，一跃而为现代化的市区。其中，沙坪坝就是一个。

沙坪坝原来不过是重庆城北乡下一个小小的市镇。说它是小市镇，实在未免有点过分。因为在两年前，当我初到这里来的时候，它一共只有几十户人家，还有摆摊儿似的寥寥几间小杂货店，和一两间灰尘满目的小吃店。在日里唯一的一条寂寞的街道懒洋洋的镇日在阳光笼罩底下静穆地躺着——静，静到令人感觉到如在深山邃谷里，甚至连鸡鸣狗吠的声音也不大容易听到。在夜里，那可更令人害怕！黑越越的；阴森森的，仿佛真会碰见什么鬼怪似的。

离开沙坪坝约有四五里路光景，有一个市镇，名叫磁器口，据说是原以出产磁器得名的，地方比沙坪坝要大得多，也热闹得多。在那里，真是市街繁盛，人烟稠密，而巴渝公路又是以这里做终点的，沙坪坝不过是这公路当中一个小站而已。你若要买些日常用品，在沙坪坝是简直买不出什么东西，坐在店门口的老太婆，往往自己就会告诉你："到磁器口买去！"你看，沙坪坝那里配称为市镇，磁器口那才有这资格呢。

沙坪坝原只是一个荒凉的村落而已。

然而，今日的沙坪坝却非往昔可比了。

旧的房子大部分已拆改为崭新的建筑物，高楼大厦一座一座在空广荒荒的地方涌现了出来，一条街道已扩充得很宽敞，两旁的商店密密的排列着。人是一天到晚的拥挤着，黄包车夫拖着车子不停的在那里奔跑，流线型的汽车往来的驰骋，大有"车毂击，人肩摩"的盛况。夜里到了，金碧辉煌的电灯，照耀得全市如同白日，越显出它的繁华热闹。

现在不独是磁器口和它比起来要感到瞠乎其后了，就是城里——这迭被轰炸后的重庆山城又何尝及得上它呢。

沙坪坝就在战争中生长起来了。——它象征着我们后方建设力量的增长，我们生气的蓬勃。

沙坪坝的繁盛虽已超过磁器口，但这一带的商业中心仍然是在磁器口，这大概是因为历史和地位的关系。磁器口可以说是重庆北乡的一个货物集散地，而现在的沙坪坝则已变为新兴的文化区。以现代化的程度而论，磁器口当然是远不如沙坪坝了。

在这文化区里，首先令人注意的是学校之多，如以地方的大小和学校的多寡成比例讲起来，则沙坪坝学校之多，确要占全国第一位。

说起学校，人家一定立刻就要联想到中央大学。当然，以这样一个全国最高的学府，迁移到这么一个小地方来，正如一个落难公子跑到乡下去一样，自然非常令人注意的，而从外面迁进来的学校中大又算是第一个。可是，中大在这里的房舍，实在简陋得很，不独比不上它隔壁的邻居重庆大学，更比不上它较远一点的邻舍南渝中学（现已改为南开学校）呢。

重庆大学，是四川省立的，内分理、商、工三学院，黉舍是一种旧式的东方建筑——一种宫殿式的建筑，倒也饶有别趣。南渝中学的校舍，则统统是直线的立体的新式建筑。红的砖墙，宽大的窗户，一座一座矿的立着，鲜明触目得很，有如鹤立鸡群，返观中大，诚使人有不胜今昔之感——中大以前的房舍不是更加高大雄伟吗？而现在已为敌人所盘踞，由敌人使用去了！我最惦念是它那个大礼堂，那个最庄严华丽的大礼堂。

此外，还有一个中央工业学校，一个四川省立女子职业学校，又有一个四川省立教育学院，但这已离开沙坪坝较远，较接近于磁器口，应该属于磁器口了。在磁器口，不久以前又新迁来了一职业专科学校，所以磁器口实在也可以说是以商业区而兼为文化区了。"沙磁文化区"，是这里最普通的时常可以听得到的一句流行话。

在这文化区里其次令人注意的是书店和文具店之多，如果把他们统计起来，恐怕要占全市商店的一半也说不定呢。

最先在这里设支店的要算是生活书店。生活书店在我国晚近文化界上算是一个"后起之秀"，它对于文化上的努力，确是无孔不入，原也值得佩服的。自从生活书店开出之后，接着上海杂志公司也开出来了，正中书局也在这里设有分店了，一时书店和文具店，遂如雨后春笋般的接二连三的开出来，而商务印书馆则在"五三""五四"城里总店被炸后才迁到此地。

书店多，看书的人也多，可是买书的人却少得很。看书不要钱，可以揩揩油，要人掏腰包，这时候真有些不容易。一方面是因为学生们经济一天比一天困难，而另一方面也因为书价一天比一天加高的缘故。书价最初是加一，现已要加四加六了。有的书甚至改高原价再加四。有一次我到商务印书馆想买一本书，原价七角，临时改为一块五，再加四，一共要两块一，比原价竟高出三倍，这骇得我只得连忙缩手不敢买。书价确是增高得太厉害了。

除了书店和文具店外，其次令人注意到的就是饭馆子之多，而且它们生意都很好，常常客满。"文人好吃"，这句话不晓得能不能够成立，如果能够成立的话，则沙坪坝之所以成为文化区，正可以从这么多的馆子上面看出来呢。不过，话又要说回来，吃的店多，似乎并不足为文化区的特征，凡是往来人多的通商大埠，吃店自然是容易繁荣的。现在百物腾贵，买东西实在买不起，一般说来：还是吃的东西比较便宜些（在重庆是如此，据说在昆明就不能说这话了），而人们对于吃也是特别感到迫切的需要，更何况我们中国人一向是最讲究吃的呢。所以在这里的读书人，宁可穿破制服，宁可借书看，只要有几个钱，"开堂"是非开不可的。这大概就是沙坪坝吃店特多的最大原因吧。

最初这里有一间专卖牛肉的小吃店，价钱比较便宜，满满的一碗清炖牛肉只要一角钱，老板是个中年以上的男子，戴着深度的近视眼镜，他一方面要管账，一方面还要自己兼做茶房的。后来因为生意兴隆起来，牛肉的份量渐渐的减少了，又后来，价钱也提高至每一碗一角五分，老板自己也不再兼做茶房了。他老是坐在柜台后面，眯着眼睛，捏着两撇胡子，看着满座的顾客，笑得嘴巴合不拢来。怎么会有这样好的生意，他真是做梦也不会想到。

现在，这间小店更扩充而为应时的饮冰室了，门口贴了一张五彩广告，里面新添了许多新式的靠背椅，和好几把电风扇，四周也装饰得非常的清丽雅致，越显得它的焕然一新了，老板呢，已看不见，大概是用不着再亲自坐柜了。只剩下他那副近视眼镜，八字胡子，和一口灰黑的牙齿，留给我一个深刻的印象。

这间小店的发展，就是整个沙坪坝发展的缩影。

现在沙坪坝还在继续不断的在生长，在发展，它的前途还不可限量。仅仅只有两个年头，沙坪坝的进步竟赶上了两个世纪啊。

一九三九，八。于沙坪坝，中大。

（吴锡泽. 沙坪坝. 今日评论，1939 年第 2 卷第 14 期）

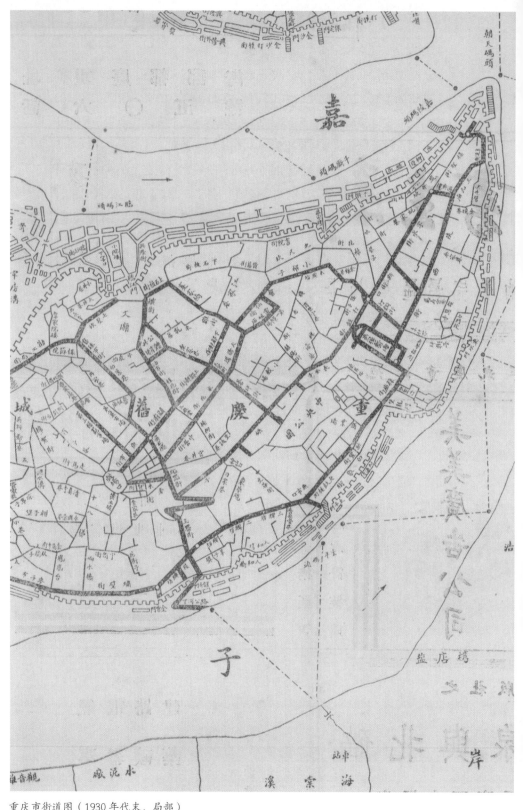

重庆市街道图（1930年代末，局部）

轰炸中的重庆市

▼

褚问鹃　谢唯一

一

褚问鹃

　　重庆市的面积，包括巴县、江北县、南岸等三处，而巴县地居扬子嘉陵两江合流的要冲，形状恰似一只牛角，斜卧在江水的中间；又似这一条江本来好好地流着，却被这牛角一挑，便把它分开了。于是这一角隆然的山岗，为了交通货运的便利，就把它辟为商埠，自江边浅滩上的寸土起直至鲫鱼背上最高的石山，都被人挖平了建造房子来，倚着山坡的形势，那建筑物就像堆着叠着似的，粘满了整个的山脊，造成屋楼似的山城。这山城就叫巴县，也就是重庆市的中心。一切的商店旅馆都挤在这牛角的尖上，又因地势的高下不同，故有上中下三城的分别，与江平行的一条马路，及另外一些场所，总称曰下城；自牛角尖起至中部谓之中城。全市精华均在于是。再上去便是上城，多住宅，在国府迁来以后，市容遂焕然一新，巴县的一切，更是蒸蒸日上了。

　　江北与巴县只隔了一条嘉陵江，而市面相差则不啻天壤。那里没有近代式的建筑物，没有霓虹灯，没有电影院，没有……总之是一个十足内地型的小县城，就像被嘲笑似的，把它遗落在那边。好使对江的巍峨楼阁，愈加显出它们的庄严灿烂来。不过江北县的东部位置，却在巴县的前边，与南岸弹子石隔江对峙，这条江却是雨水合流以后的大江了。故江身比较宽阔。这里的形势约略说来，江北与江南岸很像两朵花瓣，巴县则是花心，花瓣因为爱护花心，把一切的精华都集中到巴县来。

巴县既担任了重庆市中心任务，于是尽量的繁荣，尽量的集中，那房屋之密，真叫人听了不信；不但屋上堆屋，而且屋下也有屋。有时他的大门很小，而入门下级，则重宇曲廊，层层入胜，使你有出不得之苦。又因坡度过于峻陡，故屋与屋之间，甚少隙地，所谓鳞次栉比的形容词，到此才能得到它的真相。

我初到此间的时候，就想这样的建筑方式，万一敌机扔下几个烧夷弹，可不得了啊！防空设备这样少，连救火的汽车都没有。直到去年间城内方有绝少的大商家挖了地下室。一般老百姓，既无能力建造防空洞，又没空地可以疏散，虽政府已在某处做了不少洞，可是人多洞少，那里容得下！更兼一般民众的智识比较落后，不知空袭的可怕。每仗着四川天气多雾，敌机不易找到目标等，以自宽解。虽经当局屡劝疏散，而拥挤依然如故。有识之士，每深以为忧，预料此间将有大灾了。

果然五月三日那天下午一点多钟的时候，凄厉的空袭警报声呜呜地响了，满城的居民乱跑乱窜，不知道应该往那里去才好。可是这些跑的多半是外省人，吃过敌机的苦头的。那些本地人，除了智识分子以外，却多半是不躲的，他们一是不甚害怕敌机，二是相信命运，以为死生有定，逃也无益。不久，紧急警报又响了，于是高射炮与炸弹声一齐发动。几分钟后，敌机遁去。沿江两三处黑烟熏天，敌人扔下了燃烧弹了。计下城储奇门外西四街、左营街，中城大梁子、苍坪街等处均被焚炸，防护团顿时出动，尽力灌救，有因而牺牲生命者，可称忠于职务。而最高当局后下令发动全市公私车辆运送难民至安全地带，故这次的救济工作，做得很好，因为救得快，所以延烧的面积还不很大，难民有了归宿，故市上不见流离的惨象。这是别处所不及的。可是这里的创伤还没有平复，魔手又已到来。四日，全市学生准备游行，政府人员亦入城主持开会，为避免空袭计，乃改至下午五时举行，以为可以平安无事了。岂知四点半钟我们就接某机关到电话，说是敌机自湘西飞恐袭川企图。大家听了都不信，以为它这时来了，怎能飞回去呢。谁知五时以后，警报响了，我们的飞机立刻升空准备迎敌。乃久久不来，大家正想安逸吃晚饭，忽然警报又响，一部份敌机已经窜入市空，投了不少的燃烧弹。全城火焰冲天，都邮街、小梁子、苍坪街、七星岗、领事巷等处同时起火。因火势过于猛烈，不易灌救，直烧至次日上午，方才熄灭。而重庆精华，已付之一炬了。这一次死伤之惨，与数量之多，为自抗战以来各地都市所未有，可谓空前惨劫！许多焦枯的尸首。在压塌的瓦砾中被挖掘出来，有些防空洞中的牺牲者，则已变成了肉饼。还有某大饭店的地下室，适中一弹，数百人同时粉碎。至于寻常炸死或炸伤者，亦有惊人的数目。可怜一个美丽的山城，顿时变成罗刹市，那层楼叠阁的大建筑，都成为埋葬人们的坟墓了。日阀这笔血债必须用加倍的利息方能还清，加深了人民对日的仇恨，这是不用说的了。但我们本身方面，也自有准备不足的地方，如建筑物过于密集，缺乏防火的设备。一般醉生梦死者，在抗战首都，依然只知腐化享乐，不肯疏散到乡间去等，都是加深这次惨劫的原因。若在他处，纵然被袭，死伤数量，决不至如此之多，这是可以断言的。

但这是过去建设商埠时候的失计处，不能归咎于现在的人们的。所谓受一次教训，学一次乖；以后再建设市场的时候，老百姓们自己也决不肯再像这样堆叠着建造房子了吧。

现在每一个人们，都在立誓，要从火光中复兴重庆市，从血花中复兴我们的中华民族。

二

谢唯一

三日下午一时许，警报声鸣，人皆飞奔，汽车也加速的行驶，大约往通远门者较多，不久，街巷寂静，一无声息，紧急警报声鸣矣。旋日机窜入，机枪声，爆炸声，不断的传来。坐在我附近的人都吓得面孔变色！解除警报后，登高处一视，见黑烟缕缕，火光冲天，我念着这必是侵略者投下了烧夷弹，果然，惨状也由此始。

深怕影响了事务，闻警报解除，就将预备的工作分头接洽，很多地方都遮断了交通，费了不少唇舌通过了正在火烧的灾区，看见一些不同的人恐慌，有的忙着搬物，有的呆若木鸡，还有正在燃烧的屋，路途陈些被烧焦了及炸死的人，汽车运输受伤及气将绝的难民，其状惨透了！在灾区服务的防护团，救护队，消防员，警察宪兵等，都具有刚毅的精神，各司其事。此一场浩劫，计被炸地点有新一街，二府衙，西四街，白象街，陕西街，第一模范市场，苍坪街，马家店，神仙口，三圣殿，打铁街，左营街，段牌坊，储奇门河边等廿余处所。死伤人口仅储奇门河边就有四百人左右，其他地方也不少。

四日正忙着青年节的运动，敌机再狂炸商业平民区，繁盛的小梁子。都邮街都被炸弹中伤，继遭柴家巷，鸡街所中的烧夷弹的火势延烧，这通直的两闹市就被这无情的火吞没了。商务印书馆，邮政储金汇业局，中国国货公司等处都成了灰烬。通远门外也烧了两处，英领事馆等连同受害，被灾的面积很大，敌机连日所投烧夷弹甚多，致商店住宅多被焚烧，平民妇孺徒遭惨死，此种暴行，亘古鲜有！

五日的那天自动疏散者甚多，力夫不够分配，自己搬运货物行李的也不少。九十六师有一部分兵士服务街途，并替市民疏散物件，军民合作的象征，逐渐表现于后方。中央组织部的职员在招待难民，公家的汽车也供难民疏散用。新生活运动会职员在招待难民，公家的汽车也供难民疏散用。新生活运动会遍设茶粥站，免费招待难民，既客气，又清洁。三民主义青年团团员从事救护，持帚扫街，并帮助难民疏散，慰问与指导，精神都可钦佩！

这繁盛的重庆，当时死气沉沉了，各商店多闭着门，店员东逃西散，今日到江北，明日又南岸，未遭敌机炸死，也许要累死你，那才更冤哉枉也！有些铺门上还贴着一些白纸条是："营业时间下午三时至九时""准备疏散暂停营业""本店迁移某某坝照常营业"各种不大相同的字条。

银行的办公时间改为上午八时至十时，书业也是门闭得铁紧，仅有华中图书公司一家不断的营业，不畏空袭之惧，而单独的维持市面，供日用品一部分的流动，足称商业前锋；继华中而后营业的是中国文化服务社及生活书店等，但是每日下午才开门，后来商务、中华两书局也复业了，但只限于下午。

十一日有不少店都准备下午复业，市业部并通令各业同业公会劝导各店在可能范围内即日开业，以维抗战后方的秩序，因十二日的晚间，敌机又侵犯重庆，这次击落了三架。但是江北与弹子石的火光熊熊，幸救护得力，延烧时间甚短，江北县政府及青年招待所被炸，准备复业的商店，见此景状，于十三日还是继续的向市区外搬运。后方的人这样怕，前方战斗的忠勇将士更使我崇仰，我仅能在后方镇静，以比例计不及你百分之一，你真伟大，在后方的群众受你恩惠不小。写到这地，敬祝前方忠勇的将士健康！并祝胜利！

二八年五月十四日寄

（褚问鹃、谢唯一. 轰炸中的重庆市. 大风（香港），1939 年第 39 期）

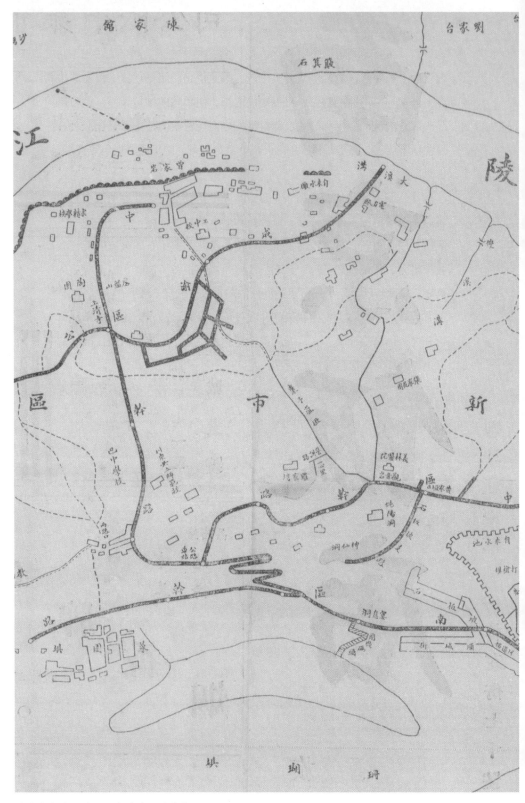

重庆市街道图（1930年代末，局部）

在重庆遇轰炸记

▼

周文

途中闻见

我这次去重庆是"五一"动身的，但"五三"才到永川。刚进店，掌柜娘就指手画脚的告诉我们，当太阳才偏西的时候，曾经敲了钟，发生警报了，全城的人都跑到田坝去躲了一次，后来才听说是重庆炸了。她说到这里就把拍着胸口的手掌拿下来，嘘了一口气。问她炸得如何，回答是摇摇头，我心里开始着急起来了。到了第二天的下午一点钟，离重庆还有五六十里的一处茅棚板壁的腰店子，才听那卖茶的掌柜说，炸得很厉害。一位在背上挂了一个大包袱，由重庆走来的，说："死伤两三千呵！"不久又来了一位坐滑竿的——上面绑了许多行李——一跳下滑竿就叹气道："惨呵！惨呵！死伤四五千！"他马上就把数目加倍了。这种道路传闻，自然是不一定可靠的，但有一点却不得不使我十分忧心，因为据说某些街被炸了，被烧了。而那些街住有我的朋友，不知道他们安全否？两三千或四五千的死伤，不管这数目确否，这种对于非武装民众的无耻屠杀，自然是可痛可恨的，然而人总是听见危害到自己的熟人，这才感到更加沉痛。我们于是催着车子前去。

到了歌乐山，一位武装同志在前面拦住，要求搭车，大家答应他了。他一上车，七嘴八舌地都抢着问他昨天被炸的情形。他说他昨天警报响的时候正在歌乐山，这离城三四十里的地方都听见炸弹爆发的声音。听说下城一带投的炸弹最多，还有燃烧弹，有些地方的火今天都还没有熄。今天上午出城躲飞机的多极了。

过了化龙桥，就听见轰轰的几声巨响，全车的人顿时都出惊的侧着耳朵，那位武装同志便向大家解释道："这是打防空洞的，重庆现在到处都是防空洞，成天都可以听见炸药爆响。"过去一点，他就伸手指着路边的红岩，那儿有着几个一人高四人宽的口子的窑洞，"这些都是的"他说。这种洞子，完全和北方的窑洞相似，也和在西康的山上残留下穴居野处时代的洞子相似。再过去一点，就看见有几个洞口，坐着一些摩登装束和平常装束的男女，大概是从城内出来躲空袭的，车上不知是谁叹口气道："哼！……鬼子简直要把我们的历史拖回几万年，回复穴居野处时代！"

一路上，我们注意着，只见那一条被火红的太阳照得发光的马路上，向我们走来了许多人，有的坐黄包车，有的坐轿子，有的穿了草鞋步行，都各带着许多行李。而有的车子则是专拉行李的。人们是在大量疏散了。

到文协总会

到了两路口，我马上叫了一部黄包车，车夫要七角，我还他四角，他说："先生，今天是啥日子！我这价钱就是要得少的了！"我于是不再说什么，坐上车，向着临江门横街文协总会赶去。经过观音岩售珠市等街道，只见两旁铺子的门都是关着的，人却很多，把一条马路挤得熙熙攘攘，但也并非是在做生意的，而大多则是在搬东西。车夫告诉我，这一带，昨天并未被炸，所以两旁的房屋都是完整的。我贪馋的观察着周遭，在我的眼里所不同者，倒是重庆的建筑，比一年多以前所见的，是繁荣得多，也华丽得多了。高大的洋楼一幢一幢的排比着，辉煌的金字招牌争着耀人眼睛。重庆的面目是完全改变了。在七星坎下车，这才看见从前看见过的真正重庆。这一路都是贫苦人家，狭窄的坡坡坎坎的街道，矮小污秽的瓦房在坎边高低不平的竖立着，有的差不多与坎路齐平。人们大都在各自的檐下捞手挽脚的做各人的事。为了生活，即使在大难当前，也还是不得不镇静地为生活奋斗。

我终于找到临江门横街，踏上三十三号的三楼，找着了文协，并遇见之的、罗烽和王莘、白朗两女士。我急切的问起许多朋友，知道都幸未遇害，只有老舍住的青年会周围落过几个炸弹，蓬子住的打铁街，炸得只剩下他所住的那幢房子，孤立在瓦砾中，快要倒的样子了。今天朋友们已多下了乡。我虽然不能会见，但心里却很安。

他们谈起昨天轰炸的残酷，敌机除了投下无数的炸弹外，还用机关枪低飞扫射。挤在江边渡江的人，被扫得尸首遍地，炸翻了几只船，江水都染红了。

街头弹痕

因为我急于想会见许多朋友。之的、罗烽就陪着我看老舍去。

走出横街的拐角，就看见一家房子被炸了，门口守着一个武装警察，旁边则围着一些人伸长着颈子。从那人缝中望进去，可以看见门里边的断瓦破壁，与各种各样被破坏了的家具，一起乱七八糟的堆积着。据人说，那下面压死了两个人，还没有掏出来，天气太热，已经发出一股气味。

经过夫子池、苍坪街，这一路被炸的痕迹就多了。有的房子全炸坏了，变成一片瓦砾场，有的炸掉一只角，有的炸了一个窟窿。他们感慨地说道："昨天轰炸时，一定有汉奸活动，不然为什么有好些地方都炸得很准！比如××委员会周围不晓得落了多少炸弹！"

走过新华日报社门外，抬起头就看见那屋顶也是一个大窟窿，窗子也洞穿了，从那儿漏下的阳光，照见从三楼一直到楼下都狼藉着砖瓦和木条的残骸。他们于是告诉我一个故事：听说当敌机在市空盘旋的时候，报馆的一个工人正在三楼上收拾东西，忽见对面那家白俄开的医院屋顶上蹲着一个人，放了一个白色的球到空中去，那工人立刻警觉，跑下楼来准备去报告警察，但他刚下完楼梯，跑出门时一个炸弹就在屋顶响了，他也就昏倒在地上。总算报馆没有人，只炸了一个窟窿。

最后他们结束道："肃清汉奸的工作是太迫切了！"

我们走来的这一路，除看见被炸的门口，围着一些人外，行人非常稀少，显得很清静，大概是受着眼前各种弹痕的刺激，脸上都表现着仓惶的神色。大概也是因为这一路被炸过的关系，所有铺板都是关着的，还在外面上了锁，表示这些房子的主人都到别的地方去了。只斜阳的光辉在那红砖的高屋顶寂寞的闪烁着，微风扬着那坡马路上的尘土和纸屑，显得这街道越加凄凉。在夫子池，这才不同了，好些人都在向着公共体育场门口进进出出，颇形热闹。据说，为了纪念"五四"并抗议敌人惨炸后方城市的暴行，今天要举行火炬游行，人们已开始向这里集合了。

在青年会

在青年会的一个房间里会着老舍，他叹息地说："唉，你来得不是时候！现在你甚么也看不见了！文协的全体会员一时要聚会在一起来大家见面是不可能了！"接着他说起他的一个朋友从昨天轰炸后到此刻还不知道下落，就大皱其眉头。

我们才开始交换重庆和成都的文协情形，一个茶房慌张的进来说："舒先生，听说又有警报。"老舍就马上收拾他桌上准备献金的文稿，装在皮包里夹着，叫茶房锁门，约着我们下楼来了。在天井中他叫："当心！"我们都就站住。见面前有四张椅子拼拢围成一个方形，当中的地面有一个突起的裂痕！仿佛是谁从那儿拔出过一株树子似的。"这里是昨天投下的一颗燃烧弹，没有爆的，当心！"我们从那旁边绕过，遇见一些迎面走来的人，说是并没有警报，是街上的人"扯风"的。我们这才放心了。但老舍约我们才回到房间不久，又"扯"了一回"风"，我们这回没有理它，只从窗口向下一望，面前的斜坡就是中央公园。许多人在亭子或假山之间来来去去，并没有跑，证明这次的"扯风"确是"扯风"。只中央公园坡下屋顶绵密的街道上有些急匆匆的人影。老舍指着中央公园的一角道："昨天那里也掉下一个炸弹，也幸而没有爆。"我告诉他，今天在路上时听说：青年会烧光了！"这是谣传。"他皱起眉头说，但随即哑然失笑了。"自然这里是一个目标，危险的。"

到了五点钟光景，茶房又进来说："舒先生，听说这回确实是警报。"我们于是又不得不下楼来了。在一个只能挤进一个人的门口边，站着一个人，据说是检查入壕证的，没有这证就进不去，只好在露天里等着吃炸弹了。要得到这证，如果不是青年会的住客，就得拿出若干元来买。然而我们没有，已经打算随便找任何一个地方躲躲算了。老舍说："走吧。试试看！"我们走到门边时，人们正在一个一个的被查验，装扑满似的挨次挤进去。老舍打开皮夹子，指着里面的一张黄色卡片和一些别的卡片说"哪，我有几张！"我们居然也就混进去了。立刻听见那检查入壕证的人吼道："不行！不行！没有证不能进去！"我们吃了一惊，掉头看时，却见跟着我们后边挤进来的几个人，立刻挡出门外了。真是，躲炸弹也要有钱才躲得起！

我们进了门之后，刚要在走廊上站一站，几百男男女女，老老少少——自然从穿着上都可以看出是绅士淑女之流——大家在这栏杆边挤得密密实实的，粉香和汗臭混和着，刺人鼻孔。彼此推挤着，嚷着，骂着。青年会的负责人为什么还不开门。"难道要把这许多性命炸死在这里么？"人们吼着。青年会的负责人说，经理打电话问防空部去了。"混蛋！"有人咆哮道："难道街上有人跑还不是警报吗？在这样危险的时候，把防空壕关住干吗？"从栏杆望下去，果然，中央公园里的坡坎上跑着混乱的人影，于是人们更着急，有的竟骂这锁门的是"汉奸"了。

防空壕内

大家用着绝望的眼光望着大太阳的天空，望着展布在脚下梯形的屋顶，几乎二十分钟之久，这才听见门开了，大家于是一拥的下了楼梯，一拥的进了防空壕。

我们进去时，里边已经差不多要坐满了。手电筒的光，东一条西一条的扫射着，可以看见白粉的墙壁，一排排的椅子，这个那个的面孔，嘘气声，叹息声，说话声，嚷闹声，搅成一团，防空壕起着嗡嗡的回响。有的人干涉着，喊着"大家静静！"但那些声音刚才渐渐静下去，随又沸腾起来。从黑暗中不知是谁喊道："解除警报了！"人们于是又向外拥去。我们是坐在中间一点的，等人们走松了一些，才站起来走，但不几步就被堵住。只听见壕门口有人大声嚷道："解除警报了，为什么还还把门锁住，不让我们出去？""没有解除警报！没有解除警报！别乱相信人家的话！"忽然，砰砰砰！几声很近的尖锐的声音震荡了防空壕，门口那面的人立刻混乱了，拥挤着退下来。众人喝道："别慌！别慌！这是高射炮！"大家静下来，这样更清楚的听见高射炮连珠似的响着。接着就是飞机这怪物的咆哮声由远而近了。越近声音越大，像打着闷雷，从头顶掠了过去，轰！轰！轰！炸弹响了！老舍用两个手指塞着耳朵说："把口张开。"我也就照样做了。这时候完全为高射炮、飞机、炸弹，混合的交战声，统治了整个宇宙，不知道哪些地方被炸了，又不知道多少同胞被屠杀了！不过，在这样的时候，心倒宁静得多，比刚才人声嘈杂时静得多了。唯一的思想，就是听着，等着，要是炸弹掉在头上来，那也是没有办法。

高射炮停止了，飞机声也渐渐远了，这才听见各种叹息声。小孩哭起来了，开头人们发出"啧啧"声，后就叫起来了："喂！哭啥子！"手电筒亮了，一条一条的光带乱扫着。人们又吼道："不准开灯！"有一个角落里，一条电光老是亮着，东照西照的，人们不安起来了，开头一个声音向他掷去，接着二个，三个，四个，无数个都叫了起来："喂，你要给敌人看见吗？""喂，再不听，我们要当作汉奸抓的啊！""把他捆起来！"好久，那边才发出一个男子声音来："我要照着开牛奶吃呀！"人们哄笑了。有人骂道："妈的，丢你妈的牛奶！只顾你自己吃牛奶！不管这许多生命了吗？"好容易才把那条电光干涉熄了。不久，又一条电光出现。人们又叫起来了，但那光老是乱射着。"天地间真有这样无聊的人物！""恐怕是汉奸呵！给敌人放信号的！"人们议论着那电光才不得不熄了。人们对于那种不守防空规则的干涉，总算得到了胜利。

在黑暗中坐守到七点钟，这才真的解除警报。出了防空壕时，只见圆圆的金黄色月亮已在无云的天空高挂着了。

蹂躏后的惨景

之的和罗烽都担心着他们的家，赶快回去了。我觉得很不安，要是我这次不来，今天他们也许不会离开家跑来了。其时只见上城一带六七处大火在燃烧着，万千颗火星子跳出熊熊火焰飞腾，把半边天都烧得通红。那些街，我刚才走过来，想不到两三个钟头之后，就给敌人放火了。那些被火包围着的人们不知怎样：一定是疯狂的拥挤着奔跑，挣扎，张着充血的眼睛发出绝望的叫喊吧？我更替之的、罗烽捏一把汗，因为王莘白朗她们也许都正在那些燃烧着的地方。老舍愤愤的捏着拳头道："血仇呵！血仇呵！"

茶房来向老舍说，有人来会。他去了一阵，就约我到食堂去吃饭。到了食堂，我才发觉没有电灯，大概电线已炸坏了。在蜡烛光里，老舍为我介绍了赵清阁女士，赵女士叙述她刚才的经过道：她本来是给老舍送稿子来的，到了苍坪街吧，正打算理发，警报就来了。她就和许多人躲进理发店里，一颗炸弹落在对面屋上，一阵灰沙对她扑来，她就昏倒了。醒来时，满脸满嘴都是泥土。解除警报后，一个小孩请她带他走，她就毅然作了他的保护人，一道赶来了。果然，一个年约十二三岁的穿学生装的小孩，很有礼貌的在桌边站着。茶房走来说，早下了火，今晚没有东西卖了。赵女士说口渴，只想喝一杯水。茶房说，自来水也炸断了！我们只得出来。其时，青年会非常闹嚷，有人在大声喊着各职员各工役集合，准备水桶救火。我们抬头一看，果见火势更大了，火尾子渐渐向青年会屋顶逼近，白色和黑色的浓烟乱窜着，卷扑着。老舍说，此地恐怕靠不住了，我们走。包了一包衣服，我们走了出来，就碰着老舍担心着的一位从昨天就没有下落的朋友，另一位则是安娥女士。大家也来不及谈过去的事，我们六个就相互照顾着向门口挤去。在门口，碰着王莘女士。这使我很安心：她安全的。只是他们的住处在鸡街，正燃烧着。

之的也在人丛中出现。我们约着他俩一道到公园去，他们说还有朋友要招呼，我们先去，他们随后就来。

青年会门外的整条街，简直挤得水泄不通，在凶酷的大火照耀之下，一个个的脸上都现出愁惨而张惶的神气，推挤着，这些炸弹下的余生者，大概都是从火窟里逃出来的。有的背上挂一个大包袱，有的手上提一个箱子，有的则空着两手，绝望的喊着，女人们啼哭着，这里那里发出呜咽声。有一个姑娘，头发散乱的在人丛中慌忙东钻西钻，她的眼睛充着血，映着通红的火光，看着每个行人的面孔，凄声的喊道；"妈呀！嫂嫂呀！你们在哪里呀！"一个老头子也在人丛中跳起脚喊；一下一下的现出他白发苍苍的头："孙儿呀！孙儿呀！"一个女人被几个人紧紧抓着手臂，推着走，那女人疯狂的号着，时时想转身向那燃烧着那方奔回去，但没有成功，终被那些人推走了。

我们为了怕挤散，紧紧的联系着，时时互相招呼着，好容易才挤进了公园。这时的公园里，塞满了成千成万的难民，无论站的，坐的，躺的，都一致仰着脸，悲苦地望着青年会背后敌人所放的大火。在这样残酷的世界，素为才子佳人所歌颂的月亮——据说"与抗战无关的"——这时也仿佛变得残酷了，它特别睁大了圆圆的眼睛，看着这被屠杀，被焚烧，被流落的人类；它把它的光辉增强到极度，照明那吞噬一切的火光，也照明这火光的背景之前，暴露在地面呼号的无数群众，呼儿唤女声，哀哭声，低泣声，搅成一片，整个公园都装不下了。

老舍说："在这里不对，这样大的月亮，如果敌机再来，这公园里不会有一个活的。"结果决定把赵清阁女士送回上清寺。苍坪街那条路正在大火，是通不过的，于是绕路经县庙街绣皮街去。这条路也挤得很厉害，人的流，车的流，开了闸口似的奔流着，肩头碰肩头的下了一个坡又一个坡，人声有时混乱而嘈杂，有时又静默，仿佛含枚急走的军队。无声的悲痛和愤怒在人们的心里燃烧着。

走近县庙街一带，我才更多的看见昨天被炸的遗迹。一排一排的房子倒塌成一堆堆垃圾，只有一根根焦了的木头和一堵半堵墙壁还傲然地鹄立着，昨天燃烧着的火堆还未熄，跳跃着红绿色的小火苗，空气完全变成一股焦臭味儿。街心变成了沟，水潺潺淌着，是从断了的自来水管流出来的。我们只得沿着街边走。但我的脚被绊着了，是炸断在地上的电线，在脚边发出铁丝声。让开一条，又是一条，好像是战场上的铁丝网，成了很大的障碍，于是索性跳下阶沿，踩着水走了，但水里边也有许多电线和瓦砾，于是也就不再选择，索性胡乱走了。

这时虽已没有了电灯，但上城的火光通明，抬头一望，那火势越来越大了，我们这一路人们的面孔都映得红亮亮的。

两位女士走得很慢，我们不得不时时停下来，等他们走到身边又才走。老舍几次帮她们喊车，但是喊不到。大家肚子也饿了，但是每家铺子都是关住的，走过军委会，只见那周围已在昨天被炸成光秃秃的，只军委会幸而无恙，但满街也是断了的电线，就在这时候，两位女士忽然不见了，我们一路逆着人流找回去，也不见她们的影子，扩大了嗓子喊了一阵，也没有应声，那么她们一定是坐车先走了。但我们该赶到上清寺去看个实在。不过身边的这个小孩，得把他安置。老舍问他找得到家不？他笔直的站着说，已离家很近了，自己找得着的。"好，你快回去吧，免得你的爸爸妈妈着急！"老舍说。那小孩向我们各行一个礼走了。我忽然得到一个启示：是的，各人都有一个家，然而敌人给我们毁了，但其实是毁去了我们人与人间的藩篱，成为了一个大家。在这样的时候，即使是陌生者都成为互相照护的亲爱的手足。

我听见有人在喊我，诧异的掉头一看，见是被两三个人搀扶着的白尘。他的脸青白而瘦削得非常难看，老迈龙钟似的移动着艰难的脚步。他说他所住的市民医院被炸了。在燃烧着，他们把他扶着逃出来的。我很想帮助他，然而我不能，因为重庆我一点不熟，而我在目前也成为非别人帮助不可的人物，反要成为他的累赘。只得和他分手，跟着老舍走了。

尾巴

到两路口，老舍把我引到胡风那儿，就去了。胡风看见我时，很诧异。他说："你怎么来了？""想来看看，学习学习呀！"我说。屠女士接过去笑道："今天你一来，敌机就给了你一个很大的教训！"我们大家都失笑了。是的，这教训我是永远也不会忘的。在这几个钟头之内，我也的确学习了许多。

我想起他们今年一月新生的小孩。那时胡风在信上告诉我：他们生了一个女孩了。那时医院容不下产妇，只得住在一家蹩脚的旅馆里，当那次敌机大轰炸重庆的一天，产妇要生产了，敌机在屋顶上咆哮着，他只得权充了接生的医生，这小孩就是在轰炸中生下来的。然而不幸的是旅馆的耗子太多，竟在半夜咬烂了孩子的脸。

我问他：孩子的脸好了么？他说已经好了。我走到床边，轻轻揭开被头一看，见孩子正甜蜜地熟睡着，脸上已不十分看得出创痕，眼睛是闭成一条柔和的线的。从她的身上，正象征着我们民族的苦难的烙印，但同时也象征着在苦难磨炼中的新生。

一九三九，五，二七。于成都

（周文. 在重庆遇轰炸记. 文艺新潮，1940 年第 2 卷第 3 期）

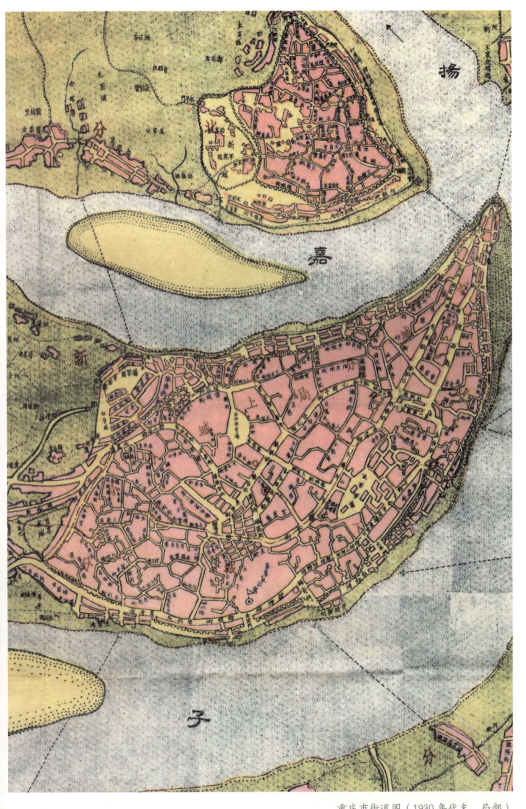

重庆市街道图（1930年代末，局部）

31

到了重庆

▼

马文珍

　　并不是因为曾在这里住过几日的原故，才对于在烟雨中显现出来的城市感到亲切，而是因为在这里，住着我的朋友。船越走离码头越近，山上的街道，渐渐可以很清楚的望见了。看着人人都是先准备好了投奔的地方，像一支箭，离了弦，直射至那个鹄的，所以全忻然色喜的站在舷边，作出只要船靠稳了，便跳上去的样子。有的是归家的行人，他们在外面的奔波，劳碌，想念，现在都可以一笔勾消，而在自己认为颇为温暖的窝里，歇会儿了。有的是携着老幼的流浪人，从这个码头，茫然的走到那个码头，不知道在那儿会碰着亲戚故旧，也不知道究竟有没有好运气等着他们。他们寻求着，寻求着，这里到那里。家乡的田园荒芜到怎样的地步了？不知道下落的自己的骨肉逃亡到那个天涯海角去了？一些铭心刻骨的哀痛萦缠着他们的心，受异乡人白眼的看待。云天低垂，烟雾像薄纱似的慢慢的张开，在空中弥漫，长长的江面，像是蒙着一层蒸起来的热气。

　　等船拢了岸，雨还没有不继续下的意思。本来是盼着早点儿到的，及至到了，反而觉得还是晚到几日好；于是便又有些惘然了，是留恋沿路的风光吗？多少有点儿。是留恋船上的生活吗？也有点儿。我倒是挺喜欢这样的漂泊，像一个笼子里的鸟儿，被提到外面溜溜，虽然不能如意的飞翔，也总比闷在不见天日的屋里好。而且，只要船一开行，您就不用担心一日的三餐了。是不愿意打这儿过路吗？这可不对！这儿有我久别了的朋友，应当见见。那么作啥子要惘惘然呢？只是因为走得太匆忙，到得太仓卒了，并没有带一点礼物给我的故人。没能培养出一种优裕的心情来欣赏江上秀丽的风景。没有用十分虔诚的信心作朝拜这新都的举动。倒好像一个漂浮在水面的气泡，随风吹到这里，那里。也许是停在多草的岸边，也许老是在波心摇晃不定，也许偶尔阑入芦苇深处，作一些幽隐的美梦。也许漂着，漂着，忽然泄了气，或是被一只低飞掠水的鱼鹰子的翅膀给碰破。那么空空洞洞的一个泡儿，惘惘然的，升起了；却又像一个轻气球，在烟雾中飘，在雨丝中飘。可怎么好，总是那么悠闲而又无所容心的样子。

我撑着伞缓缓的在泥泞的街上走。曾经溜熟了的街道，好像生疏了似的，被炸弹毁坏的楼房只剩几扇墙立在那儿。烧得焦黑的柱子，淋着雨，宛如海上的鲛人，在那里哭泣，一颗一颗的大泪滴下来埋在土里，或是在碎石上摔破。旅馆都是住得满满的，价也高，房子又挺不干净，我茫然的走过一条街又一条街，不知道怎么好。天色渐渐的暗下来。结果，还是把行李搬到子祥住的青年会去，见着晓洲。他们关心我的疾病与我的前途。我说我害的是风湿病，在天阴落雨的时候，肌肉关节疼痛，重的时候，就不能起床，且时作寒热，夜里常常从疼痛中惊醒，像有无数的尖针在扎腰背，辗转呻吟，一直到天亮。吃药，注射，全不见好，只有换个地方疗养了。到昆明去找个清闲的职务，使生活不至于没落儿，也许不是件难事。走这一趟，又可以多见多闻，长长见识，也是好的。只是扶病远游，一游就是数千里，不能无疲于奔命之感耳。嘉州的风物，是有令人怀念的地方的。月光照着的青衣江畔的白白的芦花，峨嵋山顶上的云气与霞光，使我感悟的大渡河的水声，这些，都令我系念。而在晴夜的楼头，衔着烟斗，望着蓝蓝的天上，数颗颗明星的升落，是我喜爱的事儿。在那里还有许多人世间难得的高尚的温情呀，那也令人感念不止呢。但是，其奈多瘴疬之气何？窗外的灯光闪闪的亮了，昏暗的屋子里，只有三根香烟的微光，在缓缓的移动。我就规定暂住在子祥屋里，便去找子培。

自从二十六年初冬在北平分手，到二十七年的早春，才在武汉碰着。他一下火车，便到珞珈上去找我。是一个晴和的星期天的早晨，我正袖着手在山坡上走来走去，迎春已经开了，踏着轻轻的枯草，就跟在地毡上走一模一样，阳光晒着全身，天是青青的，山中高寒的冷意，慢慢的离开了我，满高兴的抬起头来一望，子培让一件黑大衣包着，站在天字斋的栏栅前了。那时心头的惊喜，是说不出来的。我们沿着东湖走，水浪澌澌作响，沙地上有迟徐的足音轻轻的走过，我们没有什么多话说，那时南京已经失守，我们的家，都还留在北平，在前正有一条没有头儿的艰难的长路，让我们去走呢。重新回到天字斋下的小园里，坐在天竹之旁，嗅着那殷红的豆子与那秀劲的叶片梅花的清香阵阵吹来，吃着一个一个的川橘，全不知春日之将斜。黄昏的风吹起晚寒了，我们喝得醉醺醺的，顺着公路往城里走，回头望一望山上的灯火，像是打天上落下来的燃烧着的明星，那熠熠的光芒，照亮了半边天。我们两个，走过无数的荒坟，在黑暗里摸索着去路，想顷间的一场尘梦，顿生天上人间之感。本想邀他多到山上去玩几次的，可是没等春天过完，我就匆匆忙忙的去四川了。临行之时，也没得功夫见见。算起来，已经有二十个月没会面了。他由鄂而湘，而桂，而筑，而渝，跑过无数次的警报。有一次，仅以身免。这都是从信里知道的，如今见着了，该有多少话要说呢？

我让车子拖着在山上的街市间走，行人在风雨中还是那么穿梭般的来来往往。向两旁望去，在一片黑暗中，可以瞧见万点灯火，沉在远远的地下。当车子歇下来后，我一步一步很艰难的爬着泥泞而又滑的黄土坡子的时候，当我踏上石头的台阶，能喘一口气的时候，我从林木中间，望着那远远的一片灯火，在风雨中，射着金色的光芒，总是很喜欢的笑笑，忘记了山路的难行。

二十八年十一月二日在重庆作

（马文珍. 到了重庆（滇行散记之一）. 宇宙风：乙刊，1940 年第 26 期）

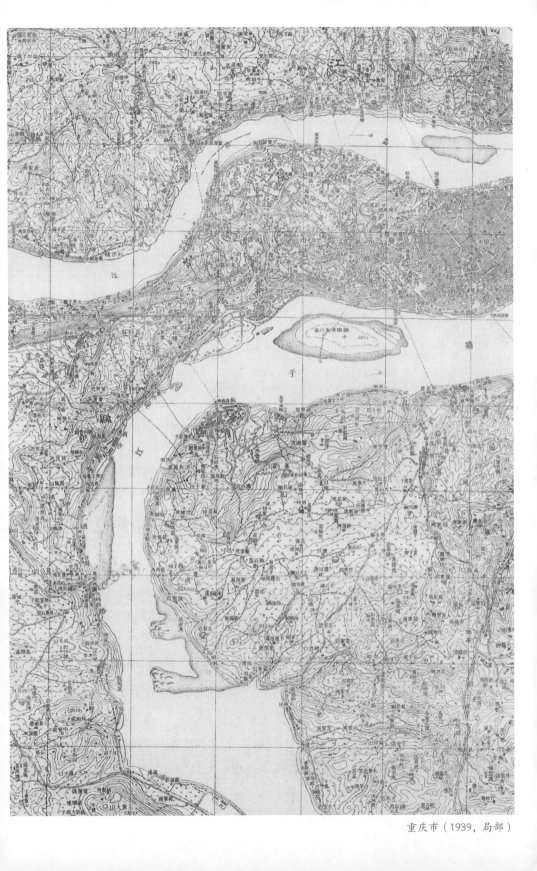

重庆市（1939，局部）

重庆生活片段

▼

思红

无论何种环境，甚或平时尽管令人十分厌恶，如果一旦适合需要，受之者自能怡然处之，心理作用的变迁，确乎可以克制一切。

重庆最有名的雾罩，这几天已应时光临了，永远昏昏沉沉地，抬头不见青天白日，俗语说："夏日可畏，冬日可爱。"重庆夏季的炎威，特别是今年，真晒得厉害极了，现在到了冬季，不要说"负曝献忱"，根本谈不到，简直自朝至暮，谁也没看见那太阳究竟从什么地方升起来，什么地方落下去，这样闷人的环境，岂不教人扫兴？但是一般人的心理，正兴高采烈，欢迎那厚重的雾罩，唯恐其不久不密。最好要密得像上次有一回某公司的飞机飞到重庆在空中盘旋了半天，始终因为找不到机场，竟飞到了成都才停下来，那样的糊里糊涂，更加欢迎，究竟这种难得的天然消极防空设备，千载一时，岂肯错过利用机会。

一次疏散，二次散疏，重庆的人口，不知为什么愈疏散愈多，马路上摩肩擦踵，推不完，挤不开，一天到晚，无时无刻，不像戏院子门口散场一般。最近受雾罩的吸引，情形更紧张了，大概这些人，靠雾罩保险，自以为领过了安全证，名为疏散，暗实集中，重庆人口的密度，怕离饱和量不远了。

重庆的公共汽车，屡次宣传"增添车辆，加辟路线，"从前从曾家岩到过街楼，只有一路，现在有六路七路，虽然只添了两段区间车，总算加辟路线了，守起车子来，大约平均十几分钟可守到一辆，确乎比从前进步得多了。可惜在重庆要坐公共汽车，除了在曾家岩或是过街楼，两头的起站，比较略为容易一点，否则，非先练就功夫，莫想吊得上去。其实有时车里很宽敞，守车的人并不多，尽可以从从容容，舒舒齐齐，偏是这班人硬要拼命显手段，有时候两个人把手交叉着各望门口一撑，死拉活扯，做出些穷形极相来，白耽搁了半天功夫，反不如不挤这一会，早大家多上去了，所以稍微讲些体面的人，见了这种情形，感觉秩序太坏了，宁愿多化几个钱，坐黄包车。

坐黄包车，力是省了，气却够受，警察局明明白白规定了详详细细的车轿价目表，说明勒索多取，准许扭局法办，而且从前印好了这种价目表，可以出售，两毛钱一大张，我也曾买过一张，以为坐起车子来，带了随身法宝，总可照表给价，公平划一，岂知古人所谓"官样文章"，到底是经验之谈，他说多少钱，不能不依他，如果想还价，他给你个不瞅不睬，不拉不抬，谁耐烦为了几个车轿钱，真的和他们打官司不成，况越是雨天夜深，最尴尬的时候，竹杠越敲得厉害，短短一段路，动不动要讲整张法币，为了不能走路，想坐黄包车，那有精神再扭他们上警察局去，尤其像我们这辈拿笔杆朋友，使足了吃奶气力，扭不扭得动，根本还成问题。

坐公共汽车，不管上那里去，似乎总有点正经，费力挤一番，也还说得过去。最奇怪，这样的挤轧功夫，同时还会运用到娱乐场所的卖票处去，有一次星期日我在路上，偶然碰见了几个久别的朋友，约了一同到新川看电影，其时距离开映时间，尚差两小时，门口早已挤得水泄不通，想预先买票么？对不起，电影院里的规矩很严格，非至开映前一小时，决不开始售票，这班人站在那里，也不知干些什么，真莫名其妙，我们兜了一个圈子，重新绕回来，人是越聚越多了。我的朋友比我有经验，他说要不是趁早挤进去，到了时候，怕依然会买不到票子，我说买不到票子，不看便算了，有什么关系，我的朋友笑我没有决心，没有勇气，对啊！一个人没有决心，没有勇气，连看一次电影也被淘汰出来，岂不可耻。于是乎下了决心，鼓起勇气，联合我的朋友，向前推进，经过了长时期努力的奋斗，勉强望得见卖票的门口了。几乎又被挤退出来，看那壁上的挂钟，卖票的时间早到了，但不知何故，依然没有开始卖票，吵闹得人声嘈杂，似乎卖票柜的里面，有人在解释，叵耐听不清说些什么。正在进退两难之际，大门忽然关起来了，大家不知用意，更吵得不成样子，后面的人挤上去，前面的人不肯退下来，拉住了卖票柜上的小木门，结果那木门拉破了，又是一番扰攘，最后听那院内执事发表高见，才知他的意思是，关了大门，省得外面的人再挤进来，里面的人已经进来，无论如何，可以有票买了，其实电影院卖满座，也不算怎样希奇古怪，偏要故意不卖票，挤满了一屋子人，捣乱秩序，难道非如此，不足以表示其热闹吗？这种特别办法，是我下了决心，鼓起勇气，换来的经验，我只觉得争先恐后的精神，实在可钦可佩，只要这种精神稍为转变一些方向，中国还怕不强吗？

电影院之热闹如此，其他一切娱乐场所，当然也不致相形见绌，尤其是书场，不论唱京戏，唱大鼓，十个歌女九个红，尽管红得已经发了紫，或者像淡绯色那样刚染了一些红气，你也捧，他也捧，自有那些捧的人，捧得没有一天不卖满座，如果是秦淮移植，那是头等道地不红也会红起来。其次是汉皋解佩，来自名流，也不失其为真正红种。再次是巴江土产，比较上不免略逊一筹。但经济学原则，究竟要看供求相应的比例如何。物以稀为贵，何况是人？所以重庆的歌女，只要能上台，能在台上哼得出声音来，便不怕没有人捧了木瓜当佛手香。每逢彩排之期，不论小广寒大广寒，自有那批忠实信徒，无远无近，巴巴的赶去献金，要是略为迟到一点，不用说请坐，便想将就些找一处站站脚尖儿的地位，也早给人家占完了。

玩过了，谈到吃。从前人说，阿房宫里五步一楼，十步一阁，那时作赋的本人，也没亲眼看见，究竟是真是假，谁也难下断语，但是现在重庆吃食店之多，如果借此譬喻，却是虽不中不远矣。大大小小，各式咸备，有人说"前方吃紧，后方紧吃，"确乎形容绝倒，不能嫌他太刻毒，从前黄敬临没有死的时候，重庆还有所谓姑姑筵，那黄敬临在前清西太后执政时代，当过御厨，又做过知县，到底此公还是先做知县，为了长于烹饪，选他去做御厨呢，还是先做御厨，为了烹饪有功，赏他做个知县呢，我可没有探听仔细。我又知道黄敬临的小楷写得很不错，他手抄资治通鉴，虽然到死没有完成，总算用过一番苦功了。有人请他做小菜，时间菜肴，一切都要由他支配，主顾不能随便出主意。我初到重庆，听说起码每桌三十元，去年起码每桌要六十元了，每桌的菜并不多，但尚适口，因其十分名贵，所以非预早约定，不易有尝试机会。设席地点，只限在他家里，例不出堂。要是主顾有雅兴，和他谈谈掌故，那是他最欢迎不过，话匣一开，保险你吃饱之外加听饱。后来他的妻子继其遗业，著味如何且不问，只差了这一点谈论风生，就不免门前冷落车马稀了。现在听说已迁往成都，不知究竟如何？姑姑筵的号召，固属另有一种吸力，而其他开饮食店，不从菜味上考究，专想旁门左道发展者，女招待的活动，重庆也很通行。警察局曾经取缔过女招待和顾客离坐，可见总是玩得太不雅相了，才会引起当局注意。

重庆警察局于今年春间，出过一张禁止男女同浴之布告，这是他处难得见的风气。重庆浴室，大都辟有所谓家庭房间，计价论时候而不论人数，浴盆之外并铺设卧具。

重庆江流太急，池塘太少，所以鱼鲜很难得，在江浙一带，生长习惯，"食无鱼，"不免令人兴长铗之叹。近来重庆很多饮食店，忽然专以鲜鱼号召起来，我起初觉得很奇怪，不知有何妙法，竟能鲈鲙平添，后来知道有人做投机生意，特地掘了池塘养鱼，我又疑惑，像青鱼之类，一时不易长大。后来我的朋友举了个例给我听，他说："你看某人某人来重庆的时候多没有带家眷，现在他们的临时组织，一个个抱出小孩子来了，你看还是养人容易，还是养鱼容易？"我虽愚蠢，经此解释，也不禁恍然里钻了一个大悟出来。

重庆百物昂贵，日有进步，外来货品，因运输困难，种种原因，似乎还情有可原。本地土产，增涨的程度，特别加快，真是无可理喻，单拿重庆最有名的一种水果——广柑来说，前年冬季，一毛钱可买十几个，去年冬季，一毛钱已只能买六七个了，今年冬季，一毛钱能买到又小又酸的两个广柑，可算相因极了。（注：相因，重庆俗语，即上海人所谓便宜）

今年丰收，米价仍比去年贵一倍不止，这是怕谷贱伤农之故，所以比上海昆明，到底便宜些，煤炭价目，统是一涨几倍，现在当局实行平抑物价，大概重庆生活，食字最易解决，因原料取给甚便，过去增涨，完全由于奸商操纵之故，如果严格取缔，至少可以希望不再涨上去。

住字问题，在重庆本来似乎很容易解决，捆扎房子，只糊了一个表面，造起来又不费工，又不费料，人口经过几次疏散，何至没有空屋，可是事实上并不那样简单，重庆找房子，真有意想不到之困难，城里不谈，当然早已塞得实实足足，城外乡村之间，也是毫无隙地。我有一个朋友，租到了一间猪棚旁边的破屋，龌龊奇臭，虽然经过一番收拾，总是麻姑娘搽粉，丑态难掩，仔细一看，透光的屋顶，通风的墙壁，潮湿的泥地，漆黑的光线，恶劣条件，无不齐备，这种环境，如果讲起人道主义来，文明国家的监狱，也许还要改良一点，但是这小小不过二方丈的面积，每月租金十六元，据说左邻右舍，比较起来，这间屋不能算为最贵，其余可想而知。偶然闲步郊外，只要留心一看，许多茅蓬草屋门前，时常有雪白的西装衬衫，摩登旗袍之类晒晾出来，这种不调和的色彩，反映着重庆住的写真。

话该说回来，重庆如果没有可以教人留恋的地方，作战两年多，如何人会越聚越多，雾罩的吸引，只能招集一时，实际上重庆枕山带水，风景之佳，确乎值得使江浙旅客，格外流连，南北温泉，距城稍远，来往要费车钱，自不合算。我现在介绍三个地方：一，中央公园，在城内，可以远眺南山。二，南山公园，在南岸海棠溪上面不多路。三，黄山公园，也在南岸，虽没有安徽黄山那样伟大，而清幽的别墅，有餐堂，有宿舍，有闲阶级的人们拾级登临，只要两条腿肯听指挥，便不化费分文，也未尝不可啸傲烟霞，自命风雅一番。

（思红．重庆生活片段．旅行杂志，1940 年第 14 卷第 4 期）

新旧街名对照最新重庆街道图（1940，局部）

长安寺

▼

萧红

长安寺接引殿里的佛前灯一排一排的，每个顶着一颗小灯花在案子上。敲钟的声音一到接近黄昏的时候就稀少下来，并且渐渐地简直一声不响了。因为烧香拜佛的人都回家去吃着晚饭。

大雄宝殿里，也同样哑默默地，每个塑像都站在自己的地盘上忧郁起来，因为黑暗开始挂在他们的脸上。长眉大仙、伏虎大仙、赤脚大仙、达摩，他们分不出哪个是牵着虎的，那个是赤着脚的。他们通通安安静静地同叫着别的名字的塑像分站在大雄宝殿的两壁。

只有大肚弥勒佛还在笑迷迷的看着打扫殿堂的人把小灯放在它的脚前。

厚沉沉的圆圆的蒲团，被打扫殿堂的人一个一个的拾起来，高高的把它们靠着墙堆了起来。香火着在释迦摩尼的脚前，就要息减的样子，昏昏暗暗地，若不去寻找，简直看不见了似的，只不过香火的气息缭绕在灰暗的微光里。

接引殿前石桥下的池里的小龟不再像日里那样把头探在水面上。用胡芝麻磨着香油的小石磨也停止了转动。磨香油的人也在收拾着家具。

庙前喝茶的都戴起了帽子，打算回家去。冲茶的红脸的那个老头，在小桌上自己吃着一碗素面，大概那就是他的晚餐了。

过年的时候，这庙就更温暖而热气腾和的了，烧香拜佛的人东看看，西望望。用着他们特有的幽闲，摸一摸石桥的栏杆的花纹，而后研究着而想多发现几个桥下的乌龟。有一个老太婆背着一个黄口袋，在右边的胯骨上，那口袋上写着"进香"两个黑字，她已经跨出了当门的殿堂的后门，她又急急忙忙的从那后门转回去。我很奇怪的看着她，以为她掉了东西。大家想想看吧！她一翻身就跪下，迎着殿堂的后门向前磕了一个头。看她的年岁，有六十多岁，但那磕头的动作，来得非常灵活。我看她走在石桥上也照样的精神而庄严。为着过年才做起来的新缎子帽，闪亮的向着接引殿去朝拜了。佛前钟在一个老和尚手里拿着的钟锤下当当的响了三声，那老太婆就跪在蒲团上安详的磕了三个头。这次磕头却并不像方才在前面殿堂的后门磕得那样热情而慌张。我想了半天才明白，方才，就是前一刻，一定是她觉得自己太疏忽了，怕是那尊面向着后门的佛见她怪，而急急忙忙的请他恕罪的意思。

卖花生糖的肩上挂着一个小箱子，里边装了三四样糖，花生糖、炒米糖，还有胡桃糖。卖瓜子的提着一个长条的小竹篮，篮子的一头是白瓜子，一头是盐花生。而这里不大流行难民卖的一包一包的"瓜子大王"。清茶、素面，不加装饰的，一个铜板随手抓过一撮来就放在嘴上磕的白瓜子，就已经十足了。所以在这庙里吃茶的人，都觉得别有风味。

耳朵听的是梵钟和诵经的声音，眼睛看的是些幽闲而自得的游庙或烧香的人，鼻子所闻到的，不用说是檀香和别的香料的气息。所以这种吃茶的地方确实使人喜欢。又可以吃茶，又可以观风景看游人。比起重庆的所有吃茶店来都好。尤其是那冲茶的红脸的老头，他总是高高兴兴的，走路时喜欢把身子向两旁摆着，好像他故意把重心一会放在左腿上，一会放在右腿上。每当他掀起茶盅的盖子时，他的话就来了，一串一串的，他说：我们这四川没有啥好的，若不是打××，先生们请也请不到这地方。他再说下去，就不懂了。他读的和诗句一样。这时候他要冲在茶盅的开水，从壶嘴如同一条冰落进茶盅来。他拿起盖子来把茶盅扣住了，那里边上下游着的小鱼似的茶叶也被盖子扣住了。反正这地方是安静得可喜的，一切都是太平无事。

××坊的水龙就在石桥的旁边和佛堂斜对着面。里边放置着什么，我没有机会去看，但有一次重庆的防空演习我是看过的，用人推着瓦瓦的山响的水龙，一个水龙大概可装两桶水的样子，可是非常沉重，四五个人连推带挽。若着起火来我看那水龙到不了火已经着落了。那仿佛就写着什么××坊一类的字样。惟有这些东西，在庙里算是一个不调和的设备，而且也破坏了安静和统一。庙的墙壁上，不是大大的写着，观自在菩萨吗？庄严静妙，这是一块没有受到外面的侵扰的重庆的惟一的地方。佛说，一花一世界，这是一个小世界，应作如是观。

如今，长安寺已炸了，那些喝茶的人将没有着落了，假如他们不愿意把茶摆在瓦砾场上。

我顿然的感到悲哀！

（萧红．长安寺．天地间，1940 年第 2 期）

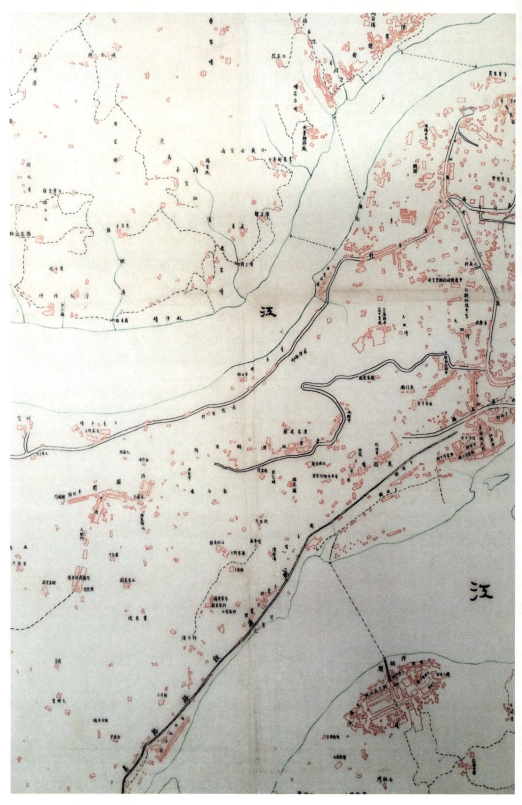

新重庆市图（1940，局部）

重庆往事

（节选）

▼

沃尔夫岗·卡佛岗

从初到重庆到最终安顿下来，前后有一个月的时间。

1940 年秋，正是日本飞机每天轰炸重庆的时候，我们想在城内找一个房间做诊所看来是没有多大希望了。好在这个德国酒吧老板同意我们暂时搬来，住在他旁边的小木棚库房里。

就像我的那张关于重庆的铅笔画里的箭头指向那样，我们住的棚子在画的最左边位置，比牲口棚好不了多少，由几根木头桩子支撑着，而木桩扎根在江边陡峭的山崖上。沿江都是这样的棚户。墙上开个洞是窗框，再安上可以转动的木板就是窗户。在棚子的主框架底部铺上木条，长短宽窄不一，拼拼凑凑再钉上钉，就是地板，当然到处都是缝或洞。墙壁也一样，既不挡风也不遮雨。后来我用报纸糊上，风好像小了一点。这个棚子根本就不是人住的，就算按中国标准也一样。伯父和妻子睡一边的硬木床，父亲睡另一边的单人木床，我睡中间的木桌。但我身子太长，桌子太短，我的脚就只有伸在桌子外了。最恐怖的是老鼠，一到晚上就出来拜访人类，睡觉时就在我身上跑来跑去，这是最让我恶心的，我只得用毯子蒙着头睡。重庆城的老鼠看起来比人还多。我花时间费力气尽可能把缝和洞堵起来，但没有用，老鼠可以从屋顶的瓦缝里钻进来。我们也被告知不能用毒药，因为人被死老鼠身上的虱子咬了会得黑死病。既然活老鼠比死老鼠好一点，那就与老鼠共处吧。

从我们的窗口远远看去，是川流不息来来往往的船只，它们云集在扬子江和嘉陵江的汇合处。这样的景观只能用宏伟壮丽和无与伦比来形容。古老的木船前面有纤夫拉着绳子，后面有船工用竹竿撑，逆水就真的可以行舟。拉纤的苦力发出嘿哟嘿哟的有节奏的号子声，激起我要把眼前的一切拍成照片的念头和冲动。很遗憾的是，在中国的11年里，我没有拍过一张照片。首先是没钱，更重要的是身为外国人，有照相机会引起麻烦，会被怀疑成日本间谍。照相机怀疑恐惧症在中国是相当典型的。（虽说这些年已有所改变，但就在几年前，已经是20世纪90年代了，我在中国访问时，因为把相机放在髋关节的位置拍照，还是被带去讯问过。而在抗战期间，一个人在户外照相简直就好像是犯法了。）

空袭警报从来都报得很准。在城市中心最高处，有一个大木架。这不是用来施行绞刑的，而是挂空袭警报球的。挂一个红球是预告；挂两个红球是飞机马上来了，须赶快进洞；轰炸要是开始，两个红球就都放下来；警报解除时则挂上绿色的长灯笼。这样的警报每天都有，只要天气晴朗或者夜晚月明，日本人肯定会来。第一次警报响了以后，还来得及把饭吃完，再走到附近的防空洞去。外国人叫这种防空洞为"打哥熬"，就是地下的网状隧道。重庆的防空洞建在坚硬的山岩上，用炸药爆破后，再用人工挖掘成，几乎没有地下掩体是用混凝土盖的。重庆的地质状况是山地，这里的防空洞可以容纳大量的人口，这就是为什么重庆成为战时首都的一个原因。

我们住在长江的南岸，相对比较安全。所有的外国大使馆和领事馆都在南岸。日本不敢招惹全世界的国家都来反对它，所以就放过了我们住的这一带。开始我们也不进防空洞，空袭时可以看到城中心的轰炸，就跟我那张画上画的那样。美国舰艇停靠的地方离我们很近，也在安全区。

但在有一次的空袭中，有几颗炸弹扔在了船尾不远处，船稍稍受了点损伤，但没有伤着人。这次事件以后，出于小心，每到空袭时，我们也进防空洞了。那时，中国的空中防卫系统对空袭来说几乎完全无能为力。日本人残酷无情、不分青红皂白的大轰炸一直持续到 1941 年。

尽管有这么多防空洞，重庆人的生命损失还是很严重的。一颗炸弹落在较场口防空洞附近，房子燃烧的浓烟灌进洞内。这条最长的隧道里躲避了近一万人，在里面闷了五个小时后，大部分人窒息而死了。我目睹了几千具尸体用卡车拉了好几天才清理埋葬完毕的惨剧。守卫在洞口的士兵只是盲目地执行命令，不到警报解除不开门。事件过后，这一带的商店好久都没人开门，因为他们都死在洞里面了。这样的大屠杀太平常了。在另一个城市——云南的昆明，没有防空洞。空袭时人们被疏散到城外，躲在野外的树木下面。等警报解除，人们正往城门走去，日本飞机又飞回来，机枪对着挤在城门边上的人扫射，成千人死伤。这就是我看到的和听到的日本人的大屠杀。

日本人想要霸占整个中国，他们妄图挫败中国人民的斗志，以为狂轰滥炸就能让他们屈服。所以他们妄图把炸弹投入人口密集地区，从而逼迫中国政府投降签订和平条约。然而，他们完全低估了中国人民的骄傲与自尊。即便是牺牲千千万万条生命，他们也不会屈服于日本人的统治。重庆虽然被轰炸成了一堆堆瓦砾，但是只要日本飞机一离开，大火一经扑灭，老百姓就开始在断壁残垣废墟灰烬上建小商店，搭简易棚子。只要有个吃饭睡觉的地方，就不能阻止他们重建家园，开始新生活。他们利用一切可以利用的材料，每片木头，每颗钉子都在重建中反复使用。他们干这些重建工作是"立马就上"，生活从不中断！

一年后，我在城里工作，父亲从南岸过河来看我。空袭时我们钻进房子底层的小防空洞。一颗炸弹落到这栋四层房子的左侧，左边完全破坏了，右面还立着。我看见幸存部分房屋的内部结构已经遭到破坏，知道有倒塌的危险，就拒绝再住进去。但其他人却不听我的警告。两周以后，一场大风就把房子刮倒了。16 个在里面睡觉的人都给埋在倒塌的废墟里死掉了。房屋的建筑是偷工减料，越低廉越好，也没有监管机构来建立标准，来检查质量。他们用砖和泥灰砌房屋的柱子，其余的都用木料。

没有钢筋水泥做结构支撑与加固，墙是用薄木条钉在框架上，再抹上泥灰。泥灰是用石灰、土加上点头发混合而成的，难怪当炸弹落在旁边都会把房子震垮。一旦房屋倒塌，所有的材料都重复使用。砖、木梁、木板，甚至钉子都给拔出来锤直再用。泥灰也从砖上刮下来，再加上点石灰和泥土再生。

而我们西方人真是不知道什么是贫穷。战后一些欧洲人甚至因受不了这样的苦，宁愿选择自杀。

（沃尔夫岗·卡佛岗. 董经绚译. 重庆往事：一个犹太人的晚年回忆（1940—1951 年），西安：陕西人民出版社，2014）

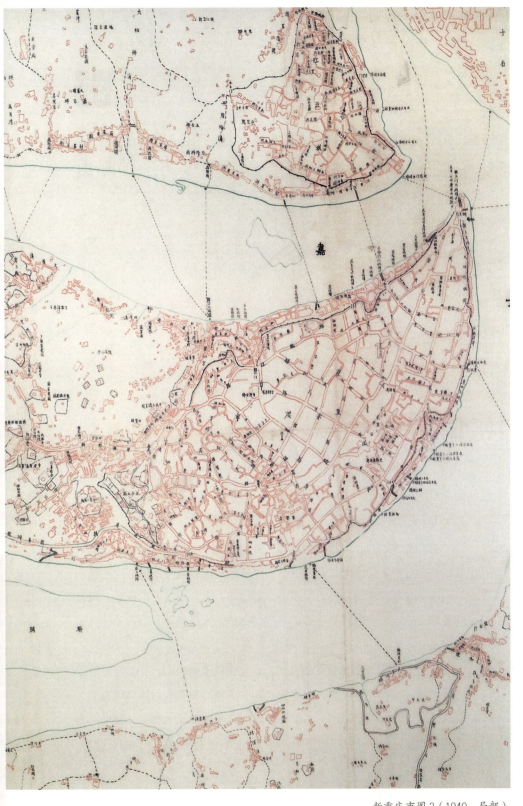

新重庆市图 2（1940，局部）

屋 / 都邮街

▼

司马訏

屋

你初来重庆的时候，一定仔细看过重庆的几座楼：美丰大楼、川盐大楼、交通大楼以及……那是用云母、瓷砖、花岗石建成的，一如华尔街所见的许多门景。也许你还乘坐过一次或多次的电梯，有过登临纽约摩天大厦的愉快感觉。

你当然也进过几家著名的戏院。那些红色的、隐约有银色闪光的墙，现代化的阶梯和门，哈尔滨式的、筑地剧场式的以及……而宽广的包厢与池座，即使容纳再多的人也不会显得局促；再看那高大的承尘，绿色的绒幕，暗中发光的灯，这些都足以使你把艺术、教养、娱乐和休息，揉搓成一体了。

你可曾留意过那些精致的住宅，以及构筑于郊外的，有着好听的名字的别墅、花园和山庄么，水磨青砖砌成的墙，黄铜的门槛，球式的、亭式的、东洋式的门灯……从外面望进去，暗绿的灌木丛中，冒出机器瓦盖成的屋顶，以及傲岸的烟囱。再往下望，便看见垂着绣幔的百叶窗，摆着躺椅、沙发椅的走廊。然后你就看见花圃中的金钱菊了，一片黄。其次是凤尾松、郁金香、棕榈、牵牛与月季，钢骨搭成的葡萄棚，小巧的铁桥、月牙形的鱼池……绿茵中被挖去一块，那正是网球场，平坦如一张吸墨纸！这些，足以使你联想到爱尔兰缙绅之家，以及西班牙王府的花园。

假如你又回到城市，看一回街景。那些商店的弧形门面和立体招牌，你看得有点厌了，那么你再信步走，也许就走到车站，你将看见街市中的街市了。人行道上那些不生根的小板屋——流浪之屋！鸽子笼式的，土地庙式的，邮政信箱式的以及……它们是用四十五块木板钉成的，仅有四张麻将桌大。然而，这就是一个商店，一个家！请你不要嘲笑它，它们都有很好的名字，雄伟的，典雅的，如像"胜利商店""英英商店"以及……墙壁上写着"头奖必属于你"的，主人还不忘做商人以前的习惯，每逢节日例假就停门休息的。

便是在郊外，你也看见过用几根竹子扎成的屋——细竹为墙，粗竹为柱，楠竹为梁，苦竹为顶，削竹为钉，编竹为门。从摇摇欲坠的吊脚楼上，用竹竿挑出一件湿衣来的，也正是摄影杰作上题做"竹篱茅舍"的。

你偶然也作夜行么——诗人们一再吟咏的夜行？如果我猜得不错，你当然走过那些穷巷和冷街。一楼一底的屋，住着五个不同省籍的人，口音中有湖北人的"你家"，和山东人的"俺"。阴沟中，石板下，你会听见浊流下滩声；而脚下，又走着大摇大摆的老鼠，摹拟着诗人夜行。

我告诉你这些，你也许会说太寻常了；但我还要告诉你一点，你千万不要当成笑话，或者神话。我们这城市，在"造屋执照"限制下，有多少屋子都是一夜之间造成的——从别的地方搬来钉好的架子，只须在天明以前盖上瓦！

而从前，先生，我的父亲要造一只鸟笼，雇了五个匠人在家里，还足足造了两个半月呢！

一九四一、八、二四

（司马訏. 重庆客. 上海：万象周刊社，1944）

都邮街

抗战司令台下的吸烟室，东亚灯塔中的俱乐部，皮鞋的运动场，时装的展览会，香水的流域，唇膏的吐纳地，领带的防线，衬衫的据点，绸缎呢绒之首府，参茸燕桂的不冻港，珠宝首饰的走廊地带，点心的大本营，黄金的"十字街头"……

这就是都邮街。

这就是重庆幸福生活之跳板。人群在这上面跳着、跃着，富有的与贫穷的，和谐的与扰攘的。

在这边，是一家百货公司，门口悬着一匹红绸，上面缀着一溜金字；在大玻璃窗上则用红笔写出廉价的决心，又用蓝笔写出牺牲的誓言。

一群诚实的乡下来客，挤在橱窗外面用狐疑的眼光看着。

而这边，一位官员，正在大闹一家招牌新奇的洗染店。他的帽子本来要染鼻烟色，不想却被染成了天蓝色。那位官员批评这家洗染店不该"一意孤行"；店里的伙计却加以辩解，说天蓝色还比鼻烟色好看。

官员不信，认为分明是染料不齐，只付了一半的价钱，然后慎重地带上天蓝色帽子，极有威仪地走了。

再看这边。这家百货店象叠罗汉一样，在门口摆了一大堆脸盆，旁边竖一个粉牌，上面写着四个大字："买一送一"！一个近视眼"心旌摇震"地去买这个便宜货，结果他得到一个脸盆，外加一块"松鼠牌"肥皂。他当然不服。伙计用嘴指着粉牌叫他看。他蹲下身子去看，那"送一"下面还有"肥皂"两个小字，写的是隶书。

而这边，一家化妆品公司，以"冬季皮肤之长城"为题，正在举行雪花膏大贱卖，把上好的雪花膏都开了瓶，坦白地展露出并无猪油的内容，欢迎试验。一位把嘴唇擦得发紫的太太，用纤指去挑了一团，放在手心里溶解开来，凑到鼻尖上去一闻，赞美了一声"很香"，却又走过去问"茜蒙香粉有来路货没有"了。

在这边，路易十五皮鞋店里，一位身材窈窕的小姐，看中了玻璃柜中的一双鞋，颤巍巍地翘起一只穿着最高的高跟鞋的脚来，指点着那双鞋，叫伙计去取。伙计躬着腰问"是哪双？"小姐用脚尖指过来，说"这双蓝色镶金丝线的"。不想一下踢到伙计的鼻尖上，伙计吓了一跳。小姐抿着嘴笑，伙计也笑。

而在这边，高尔夫服装公司的经理，正在进行说服一位太太，劝她买下那件雪花呢大衣。说服不足，他又抱出算盘来打，用数字证明这很便宜，说世界上恐怕只有"最蠢的愚人"才不肯买下这件大衣了。最后他不由分说，替那位太太把大衣穿上，把她推进更衣室，便不再说话，只用手指着穿衣镜，要她自己看看，穿上这大衣是否比不穿更美丽了。

再看这边。这边是家糖果店，"秋季廉价"的市招旁边，还贴着一张"鸣谢"的红报，那内容是感谢一位名流证明他的火腿月饼很咸，而冰糖的又是很甜的。

而这边，一家银楼，"门可罗雀"。掌柜的坐在柜台里，笼着双手，两目下视，闲看着过路女人的脚。

再过来就是精神花园了，景象颇为萧疏，但偶然也飘过和树叶一样鲜艳的红衣女人。

一九四四、八、一七

（司马訏. 重庆客. 上海：万象周刊社，1944）

最新重庆街道图（1941，局部）

忆重庆

——送同事程君入川

▼

沈弨

　　重庆，这远在扬子江那端的古城，现在已成为世界著名的一个都市了！那一张报纸上，一天会没有重庆来的消息？那一个人，不知道重庆这地名！

　　它原是那"天府之国"的门户，四川省最大的一个商埠，记得在廿六年冬，我就幸运地从汉口赶进了重庆。从汉口到重庆你可以惊讶地发现大自然的美，川江三峡的风景，绝不像江南的那样柔媚，多看了会使你软化起来；那里有的是危崖绝壁，重峦叠峰的山，蜿蜒曲折，蛟龙窟宅的水；叫你看了，自然而然会觉得宇宙之伟大。

　　重庆，并不像一般人心目中的旧而且古，也不像我们有时幻想的那样新，这是一个可以代表中国都市的山城。记得我到重庆的时候，是一个春天的晚上，在朝天门码头下船的时候，看了这满山的灯火，就觉得惊奇起来：从山脚到山顶，灯光像天空的星一样，闪耀着头上包着白布或蓝布的工人们，在极长的石级上奔波着；走完石级，在过街楼就有个公共汽车站，陕西街小什字都邮街一带的菜馆、商店，你看了也会觉得这是一个大后方的重镇。

在重庆城里住的时候，使我最忘不了的，是那每日清晨的公民训练，我们有个茶房老刘也参加的，清晨就听见满街的叫笛声，一二三四的步伐唤呼声，和那歌声。在冬季，早晨有极厚的雾，推窗远眺，一无所见，尤其有趣的：要是你去渡江，在水面上，往往会和旁一只渡船碰头，然而也不见它的影子。四川的木船，因为那里水流湍急和河床高低不平的关系，船的构造也绝不像江南所见的那样安适。他们的船，身细而长，桨和橹则狭而长，一定要站着狠命地打，船身才会向前行；下水的船却像箭一般地流下去，覆舟的事情，在每一秒钟间都有可能性的，但是在危险中长大了的人们，也就不觉得危险是怎么回事了！

四川产有名的川马，身体小而极耐劳苦，赶一段长路，与其去坐着二个人抬你一个人的"榾杆"，不如骑一下子马。在重庆渡长江，海棠溪的江边上，有很多的马可以出租，由此一直可上黄山、南山、老君洞，和南温泉一带去游览，重庆虽没有像上海那样富丽的电影院，更没有舞场、赌场一类的纸醉金迷之窟，可是有很多的名胜和风景足供游览。渡长江是南岸的风景区，走远点有南温泉、花溪、虎啸口、仙女洞等名胜；沿嘉陵江有土湾、磁器口等的近郊小镇；以及文化区的沙坪坝和以温泉著名的北碚。不论你喜欢走陆路或水路，你到处可以赏心悦目地浏览风景，山与水，似乎确比酒和烟来得值得留恋欣赏。

重庆有一种叫"广柑"的水果，样子和味儿极像花旗蜜橘。记得我们刚到的时候，一元钱可买好几十个，大家一天会吃上一二十个，那甜味真是美，可惜在这生活程度高涨的时候，这大众爱吃的水果，也飞跃的涨价了。

廿八年五月，重庆遭遇了很惨的轰炸，我们大家迁乡居住了。我住在化龙桥对江的猫儿石，那里也是一个山头，从江边走到住所，要爬一百多个石级。我们刚到的时候，只见一片阡陌，我们工作之暇，就在阡陌中的小道上散步，有时直爬到那猫儿石的一块巨石上面去临江远眺，从几百尺的高度望到江中来往的船只，只觉得像小时玩的那些小玩意了；但是对江山上的树和房屋，都会很清楚地映入眼帘，猫儿石附近的一条溪涧，潺潺的水声永远地打上我们的耳膜。说起了那条溪涧，我们也常在这山谷的巨石上坐坐，水是永远地从高处流下来，两旁有丛生着的竹林，要是在夕阳西沉的时候，竹林的远处，就是金黄色的阳光，那里偶然也有人走过。村家的犬就汪汪地叫了几声，我们高兴的时候，赤着脚在溪涧的水中浸浸，有时候一手提了鞋子，赤足步返宿舍。赤足在四川，原是极常见的事，很多人穿着长衫赤着脚走路，到上海来怕又是笑话了！

在晚上，那时我们那里还没有电灯，在洋油灯下，初来好像很不惯，大家就坐在门口的场地上，你讲今天看见莫家院子的二小姐，在教乡下人唱大众歌曲，我又讲起那次骑马跌交的险景，时光也就渐渐的过去了。虽然我们已住在四川的山上，可是月亮还是高挂在空中，离我们还是那么远！

山城的雨景是美丽的，在重庆的乡下，你可以凭窗远眺那些远远的山头上的云雾，雨点打在江面上激起的小点，绿油油的山，洒上了雨点，更是青葱可爱，不过乡下泞滑的小路，走来却有行不得也哥哥之叹。

到那里去，生活从物质观点上看来是苦的；避空袭在天晴的季节，确是一件日常的公事，上海有许多的消遣娱乐到那里是找不到的，但是上海的娱乐生活原不是我们中国人的生活！全中国能有几个地方是像上海呢？

那里有高的山，急的水，勤奋终日的人，愿你跟着他们干去！

在这种苦闷的环境里，我也不用任何礼品来送你的行，可是预计在你重履这十里洋场的上海时，我们大概可以在廿四层大厦的顶上，大家痛饮一杯了！

（沈弢. 忆重庆——送同事程君入川. 旅行杂志，1941 年第 15 卷第 8 期）

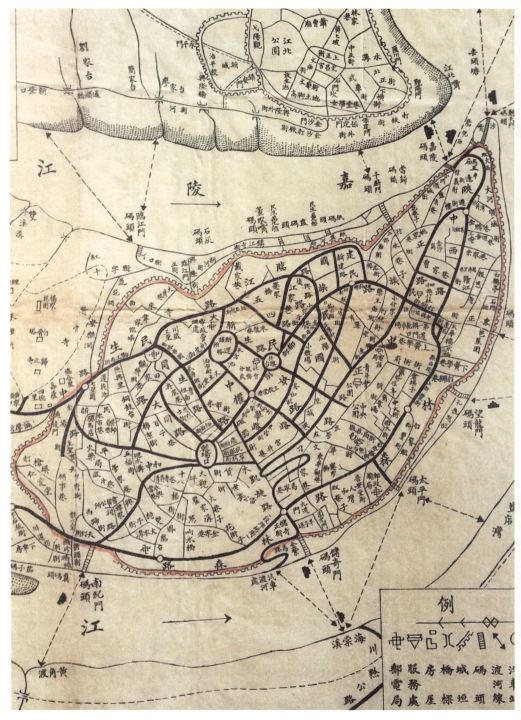

最新陪都街道图（1941，局部）

上清寺漫步

▼

秋明

　　当我伏在案头写作的现在，我的心灵却漫步在被誉为"亚洲战场司令塔"的重庆的要地——上清寺的路上。

　　上清寺，这名字对于我，是并不很陌生的，约莫在几年前我便晓得。对于她，我曾作过多次的幻想，像我们想英国的唐宁街美国的华尔街一样，她的脸容，在一年前的秋天曾经让我看到了，但是直到现在，我还不晓得"上清寺"的范围有多大，模糊地说：似乎包括着中四路的一部份，国府路的一部份和上清寺街等。但是中四路从那儿起便是曾家岩呢？国府路从那里起便不算上清寺呢？上清寺街从那里起便是牛角沱呢？这几个问题，恕我是个陌生人，我竟不能给你一个圆满的答复，因为我对于"上清寺"的沿革地理，真的没有弄清楚哩！

　　依我的想法，上清寺似乎应该有所"寺"院，或许有些寺院的陈迹，但是，我来得晚了，上清寺不是个出世修道的地方，相反的，它正是抗战中国运筹帷幄的神经中枢。

　　抗战，把上清寺也改观了。

　　听说，上清寺区域，在抗战以前有些庞大辉煌的建筑物，点缀那寂寞的山城。可是，经过了"重庆大轰炸"的一场暴风雨，把她的容貌，变成憔悴了。

新的建筑物，往往都在废墟上重架起来，现在，有不少的巍峨的大厦、高楼，参差地排列在路途。夹杂着很多，编倾斜的小房子，以食物的小店最多。还有在小坡窄巷，纵横不一地躺卧着千万家的竹篱茅舍，也有些样子好看内容空虚的洋房，它们的主人或者是房客，大半在那些大厦中度过他们工作的时间——这便是抗战重庆中最清苦的职业——公务员的生活，在上清寺区域中，尤其普遍。

上清寺在重庆，并没有很特殊的标识，不过是在一个初来旅客的眼中看去，似乎是严肃一点，但是住惯了的，便觉得一样地吵闹，开汽车的，市场和茶馆里的，依然和别处没有很明显的分别。下雨的时候，泥巴路面。天气暖和，尘土飞扬。冬天的厚雾，夏天的阳光，大有"行客艰难"之苦，可是谁都不是这样的踏着这路面前进呢？

如果在上清寺区域中徘徊了几次，我相信你不难发现它确有着独特的地方，住在这附近的人，除掉早、午、晚上以外，不大喜欢在路上跑，而且在早上，每每看到兴冲冲的人，飞驰赴他每天工作的所在。并且将碰到，一些熟识的面孔，会在差不多的时间遭遇的。他们去的时候，多半关怀着国家大事的消息，——尤其是人事变动的消息。他们回来的时候，多半怀念着家中的柴米油盐的生计，但是也有例外的，不少失了业的人，想在这儿得到一官半职。也有人，在这里追寻政治活动的线索。但是，无论这区域的居民是如何地复杂，但谁也不能否认我这句话，这儿却以公务员的人口占绝大的多数。依于这种人口的性质，就可以构成了一个生活方式与众不同的社会。

在早上，市场的人口密度最大，机关、商店，和住户的采买人都出动了，尤其在下雨的时候，脚下的泥泞，头上的雨伞，比挤庙会还要热闹。很多菜蔬肉类，本来都有限价规定的，但由于供不应求的缘故，黑市也往往在市场活现了，加上挤碰、口角，和驱秤……等等的事，市场也就热闹起来。早晨的上清寺街（其实已经是马路了），可以看到不少的人在转动，求抛售他肩上的重负，换取·叠的钞票。但在这里，每看到一些衣冠楚楚或是文质彬彬的公务员，跟随着一挑笨重的菜蔬，假如你理解所挑的是什么，你便明白跟随着的人们底脸色是如何地由于营养不良，而显得苍白了。

报纸，在十字路口的小童求售着。依着出版的先后来说，要算新民、扫荡、新华、中央和大公报了，商务等报在这区域的销路是很少的，从早上七时到十时，报贩的呼声不绝，下午，更有新民、大公两晚报，是附近居民公余之暇的唯一读物，那里面有锋利的小品，可作茶余饭后的刺激。

车站上挤满了人，还有几辆城里机关的专车也跃跃欲动了，那时候路上显得更挤，汽车的来往更频繁，上清寺的动脉跳得更厉害了；这是早晨中最紧张的一幕——上班忙。

到上午十一时可说是最寂静的时候，尤其是下雨天，更表现得零落。但有一个例外，就是每星期一中枢纪念周后，一辆辆的汽车，在这时候正飞驰过来，驻足而观的人，立正站岗的警卫，各有着不同的心情，向汽车上的人物，行注目礼。

假如是个天气晴明的日子，中午饭后，便很少回到寓所里午睡。多半是料理他们的琐事，或漫步在空旷的草坪，在上清寺中，饭后漫步的好去处便是求精中学的校园，那里面有私人的住宅、公共的宿舍、机关、团体、学校等，不一而足，当你步进校园的门前，你会对那门前摆着鲜红的橘柑起注意，在饭后的食欲中，也希望占有它哩！这里正面临着嘉陵江边，可以远眺对岸的工厂，江上的汽轮，和扬帆的货艇……近代的文明，古代的交通，你可以在这儿得到对照的心影。

学生们在这里嬉戏的不少，路上，草场，课堂，走廊，都是他们的乐园，里面德精小学的小孩，更是活泼泼地打秋千、捉迷藏、跳绳、滑板、唱歌、跳舞等。在他们的学校生活中，单纯而天真地，表现他们率直的好恶，是上清寺中，最幸福的一群。

茶馆上满室生烟，在正午至下午一二时，是最热闹的，烟味、茶香，间杂着吵闹的声音，上自国家大事，下至家庭个人小事，生意经，新消息，上下古今，无所不谈，在四川话中有个更道地的名词，唤做"摆龙门阵"。

近来，这含义越用越广了，甚至于用在一些儿戏的集会上。

上清寺的茶馆实在不少，屈指算来，约莫在十家以上。最惹人注目的要算中四路几家了，路过这儿的人会看到茶客笔挺地坐在没有靠背的凳子上。

在这里，应该稍稍提起上清寺的店子了。店子中以做小食生意的最多，真个平津沪川，式式俱备，广东的食店也有三四家，早晨的油条豆浆店，午市的牛肉汤大饼店，要算最热闹了，近来这类的店子，也一天天多起来，假如一个初到上清寺的人，不期而然地会感到此地的"食风"！

下午，花生大王尽量倾销他的囤积的货物。花生，是秋冬之交的公务员底宠物，在几小时的交易当中，"大王"会欣然地摆出"售完"的牌子。

重庆季节的变换，委实是很明显的。同在下午五时，有时会在昏黑的晚上，有时会在日暮的黄昏，有时会在热烘的太阳笼罩下，也有时会在雾色苍茫的景色中，这里的居民，大都在这时的前后晚饭，夜幕拉出了光芒微弱的路灯，整个山城，又换上了一袭夜服，上清寺地区，又由沉寂而转为忙碌了，车站上竚立的人，更拥挤起来。人们都向城里输送了，滞留在这儿的，只有些交谊往远的朋友，和朋友们聚餐联欢的场合。近来坐在吉普车上的盟友，渐渐地多起来了，流浪过千山万水的同胞，也渐挤到此地，上清寺也平添了不少的热闹的秋色。

夜幕渐渐地展开，有卖抄手和小面的担子出现，鸡蛋面和酒肆，也逐渐旺盛了。守夜的更夫，会轻轻地敲梆儿，炒米糖开水的叫声，渐渐在长夜中显得清澈。只有旅馆的门外，还挂着一个红色的灯笼，隐现着几个墨黑的字句："鸡鸣早看天。"

（秋明. 漫步上清寺. 旅行杂志, 1945 年第 19 卷第 1 期）

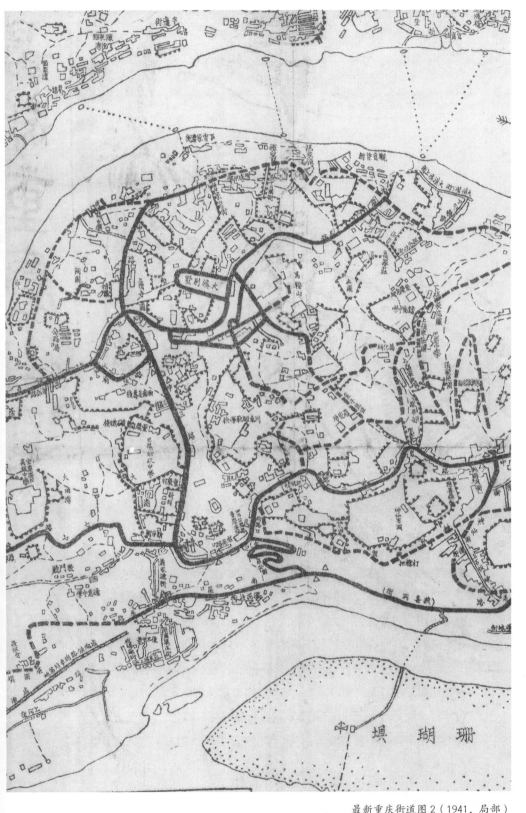

最新重庆街道图 2（1941，局部）

重庆的早晨

▼

丰谷

　　雾，虽然不像秋夜明月似的使人留恋，但也不像六月太阳那样的使人厌恶。雾，在这战时首都，它却尽了一分抗战的责任：每年五月初旬偷偷地离开山城，十月初旬又兴奋地开始回来。在往年，雾季时期，人们可以安安静静度过一个寒冷的冬季，还能用愉快的心情，去迎接那温暖的春天。可是今年敌人为了他最后挣扎，似乎故意无聊地来扰乱这雾季的安静。然而有了，一九三九、五三、四、血的经验及一九四一、八、一九、二〇、火的洗礼，重庆百万市民，当以铜铁的意志，无限的镇静，抵抗敌人无聊的扰乱。十一月的重庆，有时警报虽然发出恐怖的叫吼，老百姓都以坚决的声音回答他："格老子，白天啥子不敢来吗？"一个铁的证明，只要我们努力争取，胜利不久就有希望："冬天来了！春天还会远吗？"重庆的早晨，像其他的都市一样，静静底躺在扬子江的身畔。

　　当大地朦胧的时候，东方的光明无情地驱逐黑暗，多情的雾似乎不愿迅速离开这可爱的光明，于是整个的山城被浓雾笼罩着。在这个时候，电线杆上的电灯，还疲倦似的映着光辉，寂静的马路上，不时来往三五个为生活奔走的小贩与苦力，也有昨夜不知在什么地方失意的流浪者，蓬乱的头发，苦痛的情绪，彳亍在这寂静的街头，点缀着这雾的都会的早晨。使人想到在凄风苦雨下，黔桂道上的流亡者，正是：茫茫前途，何处是他们的归宿。

不久街上的电灯休息了，马路上渐渐地明亮起来，在湿漉漉的雾色迷茫中，卖洗脸水的出现了，用木板搭成的桌子，摆着破旧补过的磁盆，这些似乎专为生活奔走的人们服务，但雪白的毛巾，温暖的热水，当她们用那和气的声音，向人们说："洗脸罢！洗脸罢！"我想在这冷淡的世情中，人们也会感觉到有点温暖的慰藉吧。这时由远而近的怒吼来了！一二三四、一二三四，他们挺起胸膛，捏紧拳头，振起精神的在跑步，这就是最近政府号召的知识青年从军，我们青年的一群。知识青年多么优秀的名字，他们有的穿着长袍，有的穿了制服，也有穿起西装的。为了祖国的胜利，他们离开了家庭，从课堂、公司、行号、机关中出来，忍别了父母兄妹，痛别了爱人怀抱，毫没犹豫地参加远征的行列，多么光荣的举动，这新生的力量！满腔的热情，英勇的男儿，将走上胜利的战场，向敌人索取最后的血债。

血红的太阳，有时经过雾的阻力，显示着格外的惨淡，早晨橙黄色的阳光，偷偷底爬进窗户，追求光明的人们，早已起身了，早晨的时间，多么的宝贵呀！我们应该多多珍惜呵！如果这时你还睡在床上的话，马路上的叫喊向你报告"天文"，似乎也是催你起身，当叫喊的声音报告"雨伞！雨伞！"这就是下雨的天气了，相反的，是天真的孩子在喊"擦皮鞋"，那末今天是不在下雨了。

在重庆，晴天的早晨，城里唯一的中山公园，是有志青年们活动的地方，虽然这公园没有兆丰公园那样的幽美，也没有西子湖畔那么的静如处女，但在这战时的陪都，已经是不能多得的圣地了。在这里有许多青年，不留恋早晨温暖的被窝，每日清晨，来这不是太静的公园埋头读书，好学不倦的研究，有恒地学习自己的功课，追求光明的前途！有些人为了将来理想的事业：必须具有健全的身心，篮球、国术、徒手操，他们非常兴奋地运动着。也有一些人闲情地在散步，有的愉快地呼吸这早晨的空气，这都市美丽的晨景要是过惯纸醉金迷、酒绿灯红的公子哥儿们，他们是没福看到的。

八点钟左右的时候，是重庆的政府机关、公司行号，上办公的时候。记得曾经有过人用讥笑的语气，幽默地来讽刺重庆各机关办公的马虎，说什么："明七暗八九签到，十点钟来把茶泡，十一点钟看看报，十二点钟下班了"。然而事实却并不如此，只要你留意，每天早晨将上办公的时候，马路上来来往往的公务员、从业员，有的站在公共汽车站，依照次序焦急地在候车，当他们或她们，用健快的步伐，匆匆走向办公去的情形，就会使人感到究竟不愧陪都的新精神。八点三刻以前都要到齐，差一分钟"八时三刻"的图章盖在签到簿上了，再差一刻钟"九时正"的图章就盖上了，那末你即使红着脸去签到，已经是迟到了，的确珍惜时间、遵守纪律，是一个多好的规例，时间正好像金钱一样，有时过于吝啬也大可不必，但大大浪费，未免太觉可惜。重庆的早晨，充满新生的朝气：象征光明的希望！

重庆的早晨！我应该用怎样的心情，呼吸您这多雾的空气，我要用热爱的情感来吻您的流水，我要用温柔的心灵抚摸您这亲爱的土地，呵！您是流亡者的第二故乡，您是大后方的心脏，中华民族的复兴地，您是抗战中的灯塔，我怎能忍心与您分别。重庆的早晨，您是这样使人留恋。

（丰谷. 重庆的早晨. 旅行杂志，1945 年第 19 卷第 1 期）

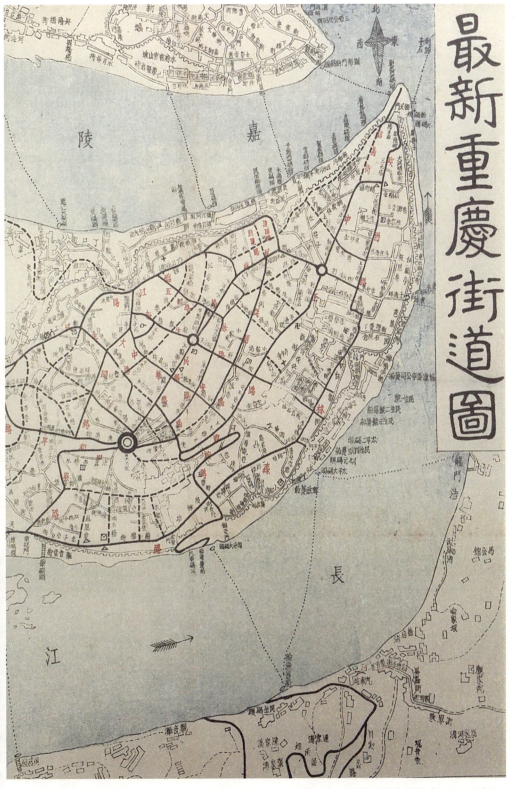

最新重庆街道图（1942，局部）

上海之忆

▼

艾明之

　　八月十日晚，是一个很好的仲夏夜。几天的风雨廓清了天宇，月亮和星星像一块绣银的衣服摊在上面。人们带着疲惫的脸色匆遽地在街衢间穿梭着。一切都和平常一样：平淡而又喧闹。

　　可是不平凡的事情常是产生于平常的环境中。就在这时候，像钱塘江的潮汐突然涌涨起来一般，人们叫喊着，蓦地向前奔跑。面馆的老板从发酵的面缸里，拔出粘满面粉的手；擦皮鞋的小孩子，忘记了他的藤椅和鞋油箱；书店的学徒突然放下正在包扎的书本，撇开了顾客；坐在车子上的人，也都跳了下来；他们臂膀伸向前面，一齐奔跑起来。在他们的头上，一阵可怕的欢呼的风暴震撼了大地：

　　"日本投降了！""日本无条件投降了！"

　　吃惊于突然的喜欢，过份的兴奋刺激着我的神经、好像浑身的血管一齐嘻开了嘴，沸腾的热血从张开的毛孔放射出来，身上突然感到一种又寒冷又微颤的难以描画的痛苦。

　　一个卖号外奔过来，像火烧了尾巴似的，他被潮水一般的人流追赶着。我从他怀里抓了一张，没有给他钱，他也不想问我要，巨大的喜欢溶解了微小的计较。

报上没有说什么，只显明地说：日本无条件投降了！我把报纸紧紧揉在手里，好像抓住自己快要爆炸的心一样。一个下江女人跑过来，抓住我的手兴奋地叫着："日本投降了！"一旋身又冲向前方，抓住第二个人。我的心突然清醒过来，她提醒我，必须把这个大喜欢传递给每一个人。

我心跳着，梦似的向前奔去。汽车在我背后呜呜地吼着，人们的叫喊一阵比一阵高昂的撞痛我的耳膜。我首先跑到 K 先生的住处，门上的旧锁难堪地拒绝了我。我奔到陈雄那里，司阍人说，所有的人连烧饭的都走光了。我再跑到思贤办公的地方，迎接我是一房的空寂。他那勤务兵焦灼地来回在室内踱着，平时他并不高兴我来的，今天却像遇到老朋友似的抓住我：

"先生，日本投降了！……真焦人！都跑了，就我走不了！"

我带着轻微的失望再回到街上。日本投降的风旋追过我的脚步，把大家都卷到街心上去了。人们抛弃各自的悲欢，在胜利的热风里，很快的集结成一个巨大的民族的大狂欢！兴奋拨开了人们的口，八年，八年累积下来的悲伤和痛苦，像火山的熔岩一样从心脏的裂口处汩汩地流了出来。压抑的情绪迸裂了，炽热了，跟着万千大红的爆竹的光箭飞上天，飞上天去了。

月亮和星群失去了光芒。在人们火样的情热里，一切都变得黯淡，微弱，了无生意。我跟着擎着火炬游行的队伍后面，梦游病患者似的走着，对于，完全推翻了的几十分钟前的世界突然疑惑起来。

可是，在兴奋的情绪稍为冷静下来之后，我突然纪念起刚离开一年多的上海来。它和祖国的苦厄连结在一起，八年，它分担了祖国的痛苦，而且是更甚于其他一切分担祖国苦难的城市。八年，它整整的等待了容忍了这样一段悠长的坎坷的岁月。

战争开始的时候，人们还能在租界上躲避一时，但在太平洋的炮声第一下惊叫起来时，不幸的悲惨的污水便完全淹没了上海。啊，这是怎么样的日子？封锁、搜查、捐税、拘押，恶魔一样连接着咬噬着上海的人民。大新公司的封锁，赓续了七十多天，乱人从人民身上取去了大量的金钱，方才把铁丝网拉开。极斯非尔路的封锁，饿毙了多多少少的老小，许多人忍不住饥饿，半夜里偷偷跑出来，半途上便被日本哨兵打死，或是被敌人豢养的恶犬活活咬死！日本宪兵部的对无辜的中国人的戕害，并不比纳粹集中营逊色！一到晚上，野狗啃噬着死人手足和争夺的声音，像钢锯一般拉碎了人们的心。人们站在窗棂跟前，用手掩住脸，默默地祷告着这可怕的黑夜快点滚开！

人们变得像老鼠一样，整天把心攥在手里，甚至小解都得回头望望，害怕那些莫名其妙的灾祸会突然掉在自己头上。生活的河流变得浑浊而且苦涩。在吃饭的时候，当他们偶一回想到过去的生活，他们会蓦然摔破手上的饭碗，默默地走到墙角落上，轻声地呜咽起来。在工作的时候，他们会突然转过身体，劈手夺下扬在后面的鞭子和拳头，恚然地离开。但虽然他们不久又得噙着眼泪拿起饭碗，拿起工作，那是因为想要生活，要等待。辽长的苦难磨拆得他们，暴躁，怨恨。

怨恨，他们确实在怨恨，已经等了这许多年了，为什么连一点讯息都没有？他们究竟要等到什么时候？难道那遥远的祖国真的把他们忘了么？想着这些，他们不禁悲哀起来，怨恨起来。但是，不，对于这一天，这胜利的一天，忽然来临，他们虽则怨恨，却从来不会怀疑过，动摇过。他们，就靠着这个信念在支持自己，把日子打发过去的啊！

他们默默地忍受着煎熬，默默地硬起心肠来望着敌人在自己的兄弟身上制造着世所罕见的惨酷的罪行。他们的心淌着血泪，但他们还依然打起精神来，用冷笑回答着一切。他们在生活的实践中学会了体验了沉默的力量。这不是无声的慑服。当我们的飞机第一次轰炸上海时，他们那长年经月郁积下来的、对祖国的怀念和胜利的确信，便具体地毫无掩盖地表现出来了。

"我们的！我们的！"

"飞机！我们的飞机！"

"来了！终于来了！飞机！"

人们忘记了丢开了日军颁布的防空的禁令，大胆地跑到门口上，窗门前，房顶上。看着自己的飞机昂然的飞下来，把炸弹投在敌人的心脏里，无数万的人在黑暗中叫喊起来，哭泣起来了。

"没有忘记我们！中国没有忘记我们！"

人们逐渐僵硬的心，淌下血泪。一切苦恼，跟着炸弹扬起的尘埃粉碎了，消解了，虽则我们的炸弹也伤害了一些我们自己的人，但人们已经懂得服从于一个共同的信念：胜利的路基是要用自己的尸骨来堆砌的。这些人的血已经灌溉遍了人们心底中的复仇之花，而且坚定了它们！

去年春天的时候，上海经验了几十年来不曾有过的严寒。但这有什么关系呢？水结冰了，油冻凝了，人们的心中却如同树枝一样，仍然苦爆出春芽。几十年来不曾有过的痛苦的生活，和严寒一样降临到人们的头上，身上，心上，却冻不死他们愈来愈热烈的对胜利的确信。我这时离开上海。人们例外地没有用眼泪来做饯礼，他们握着我的手，虽则不说，在瞳睛里可已表示出："快点吧！把胜利的消息带给我们！"

现在，他们等待了九个年头，终究等到这一天了！几十年来凌逼着我们咽喉的匕首被折断了，丢开了；一个最接近的慄悍蛮毒的敌人在我们面前倒下来了；在半个钟点前人民还在苦恼着的心情现在豁然开朗了；我离开上海才一年多，现在却已无法想像，当日本投降的消息传到上海时，它会受接到何等疯狂的招待！人们会用怎么样的声音去叫喊"我们胜利了"这几个字？人们会怀着怎么样悲愤激越的心情，把国旗上"和平反共建国"的杏黄小旗子扯下？他们会不可遏止地大喊大笑起来，抑或是喜欢得流泪？

我曾经幻想过许多次，当我跟着胜利的风脚走回去时，将会是怎样一付情景？

我已经回到了上海。那是一个向晚的黄昏。月亮从东边边陲中升起，那又惊又喜又害羞的表情，恰像我心里的一样，我在黄浦江乘小舢板上岸。十三层楼上的日本旗已经不看见了。外滩一带的房子的窗户，大都被盟机的轰炸震碎了玻璃，人们正匆忙地镶补着。街道和以前一样。我们的青天白日旗像一只狂欢的手从窗户里伸出来。但不知怎的，街上的行人却少得出奇，是不是他们欢乐得够疲乏了，一个个回到家里睡一个八年来不曾有过的安稳的觉？我不知道。

我来到自己家里的门口。门前的一切仍然和以前一样，只不过更破旧更衰老一些吧了。我心跳，犹豫，轻轻地摇几下门环，立刻有一个声音传出来："谁呀？"

陌生的声音使我愣住了。我踌躇着，声音突然变得有些惊惶地又传了出来：

"谁呀？"声音突然放低，"妈，一个陌生的人。"惊恐，惶惑，悲哀的感情使得这句话的音调奇异起来。

"是我，请问有一家姓黄的吗？"

门咿唔地打开，伸出一颗小头颅。他惊讶地打量着我，而我虽然觉得他很像我的小弟弟，却因为料揣不到一年多的隔别竟变化得这么多，也就不敢冒昧地叫应起来。我们默默地对望着。一绺笑纹。渐渐地从他嘴角上蔓延开来：

"哥哥吗？"他走出来握住我的手，蓦然又转回去，"妈妈！哥哥回来啦！哥哥回来啦！"

里面惊喜地哄叫起来。我推开了一切怀疑，大跨步地冲进去，张开手臂，拥抱了一切的人。

可是，当快乐过去的时候，我发觉父亲的眼睛被几年来繁重的工作弄瞎了，（我到内地来后曾经接过他一封信，那时眼睛还是好的）。姐姐生了肺病，对于突然回来的弟弟过分兴奋了些，她又咯了两口血，现在躺在床上一阵阵呻吟起来。哥哥的像片被龛饰在镜架里，他死了，因为跑到浦东去买一点米，他在烂泥潭被日兵打伤死去了。壮健，活泼的弟弟们，都变得衰弱，呆笨，一齐哀怨地望着我。屋内空洞得可怕，床脚断了，米缸空了，箱子，衣柜都看不见了。妈妈说："你来得正好，我们正不知怎样开始生活呢？"

被自己的啜泣惊醒，我从梦幻回到了现实——我们胜利了。但这事实所含蓄的具体内容是甚么呢？八年，整整的二千多个日子，人们都在渴望着胜利的来临，可是当这事实真的掉到自己头上来时，人们却又怀疑起来：这胜利会给我们一些什么？

确实的啊，如许年的战争，已经烧毁了多少人的房屋，财产：打碎了人们一切旧有的生活规律。人们在战争中一切都失去了！胜利将会带给他们什么？他们用八年来不屈的坚贞扶持了祖国抗战的脚步，今天祖国从危难中解脱出来了，会不会帮助他们很快的建筑起自己理想的生活？当他们狂欢地烧燃了一大批炮仗之后，这一连串的问题却比火药味更猛烈的使他们难过起来。

　　我跟在火炬游行的人队后面，想起了这些，心里涌起了难言的悲哀；八年中一幅幅染满了血痕的情景，重新被我记忆起来，使我对于胜利能否补偿这些，感到怀疑的怕惧，警惕。

　　天确实是亮了，但许多隐没在黑暗中的痛苦的事象，也更显明的刺痛了人们的眼睛。我望望兴奋了一整夜的游行的队伍，它像斗败的公鸡一样，人渐渐的疏落了。感情的冲动渐渐地平静了，也应该平静了。

　　从一家商店里，扔出一枝燃着了药线的炮仗。一个刚刚走过的路人，悻悻地踩熄了它。他那奇特的表情刺得我的眼睛发热。他为什么这样做呢？难道他同我一样，有什么难言的问题在苦恼着他？

　　　　　　　　　　（日本无条件投降消息发表后第三天。）

　　　　　　（艾明之. 上海之忆. 文哨（重庆），1945 年第 1 卷第 3 期）

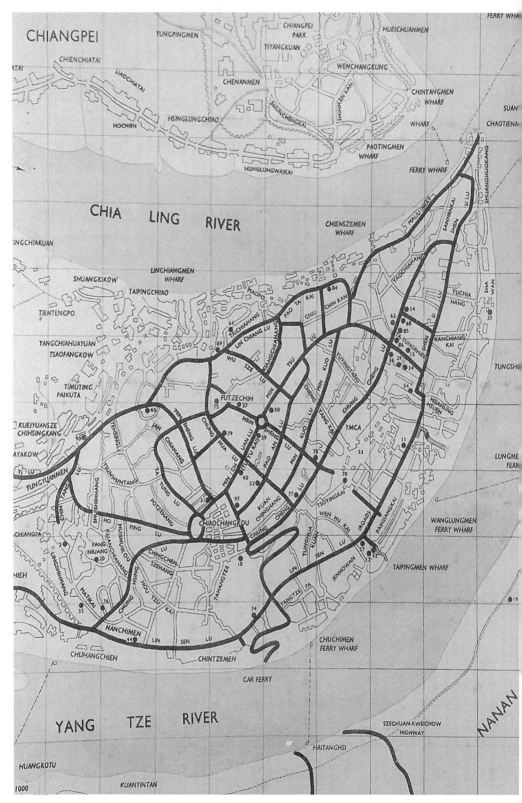

Map of Chungking city（1943，局部）

喧嚷的陪都

▼

尔强

　　重庆是个喧嚷的都市，充满了鸡声，狗叫声，堂倌的叫声，工人的歌声，汽车的喇叭声，小卖的吆喝声，洋鼓队的奏乐声，卖报童子的尖叫声，新生意开张的鞭炮声……

　　当你的小费递到堂倌的手里时，这平津菜馆里面的堂倌，就耸声大喝："小费百元，谢！"这声音即在距此很远的地方都可听到。连街头的警察也听见了。这些堂倌喝着你所要的菜给厨子听，像唱着荷马诗一样的得意："鸡蛋面，馒头！"或是"炒牛肉一盘！"或是"包子一碟，两个甜的，两个咸的！"没有顾客的时候，他们照样的虚喊。小些的馆子，用擀面棍敲着案板，用铲子敲着他们的小广锅。这些声音终为不绝的汽车喇叭声所淹没，汽车的叫声不一定因车前有了障碍，而是车夫高兴不断地按喇叭。

　　街上的理发馆里特意使他们的剪刀剪得响亮，小贩不断地摇那系着两颗玻璃豆的小鼓；卖麻糖的，也用两片刀子敲得叮叮当当的响。都是以声音代表他们所卖的东西。卖报童子，常叫着他们所卖的报名字——中央报，大公报！

苦力拉着或负着重物的时候，也用低微的声音哼着（嗨嗨嗬……）这韵歌是无意识可究的。长江和嘉陵江的船夫当他们拉着绳索的时候，也哼着"嗨嗨嗬……"同样是无意义的。

当大商号大拍卖的时候，吹手们奏着好像是基督青年进行曲的调子，当婚姻行列或出殡行列进行时，他们又奏着听若风流寡妇的调门。

奉令敲锣沿街叫喊："自卫队明早在镇公所开会"而石匠们用着齐一的调子，攒着石块也"嗨嗨嗬……"

几乎任何人在任何时候，都爱唱，但也有不自然的音韵，尤其在唱国歌的时候。学校的小朋友，八点钟就在校园里唱：

"青的天，白的日，还有红的血为国而牺牲……"

兵士们唱着游击队歌当他们赴操场途中。

"没有吃，没有穿，自有那敌人送上前。"

"没有枪，没有炮，敌人给我们造……"

星期一，总理纪念周的时候，重庆随处可听见低而悠扬的歌声。

瞎子算命者拉着胡琴在街上游，显然地重庆没有乞丐，但在重庆的近郊，却有引人注意的乞丐，用两块竹片，其端以皮筋系的竹板，手摇着此二板，互相敲击做声。重庆贩商们反复地叫出他货物的优点，喊倦了的时候，就该说街上的情形"哼！"当他们看见一个骑自行车的漂亮女子，他们说"这寡妇骑着洋马真漂亮！"自行车是洋马，任何女子他们都敢叫她们是寡妇。

重庆是禁酒的，但私人仍可偷用，随处都是嚣嚷最烈的酒徒的猜拳声。谁机敏，谁出得完全对，便是赢者。他虽然喝不到酒，仅仅高兴地看着输者喝，看着喝尽酒杯中的酒，想着明天早晨这输拳者将如何的不舒服，假使继续输下去的话。

猜拳声又扬起了，战斗者大叫着"八仙"表八个指头。"五魁首——"表五个指头。"四鸿喜——"出四个指头。

是的，重庆是个喧嚷的地方。

（尔强. 喧嚷的陪都. 一四七画报，1946 年第一卷 12 期）

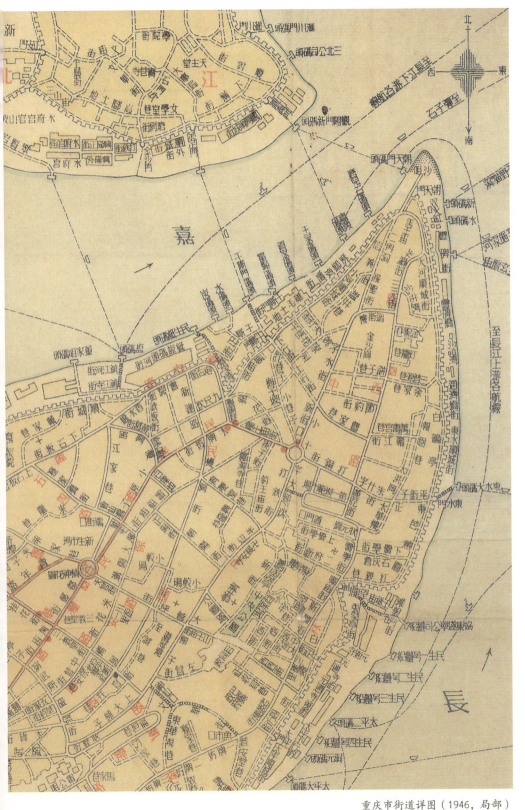

重庆市街道详图（1946，局部）

山城灯市

——苦行回忆录之四

▼

徐行客

渝市电力不足，电灯时常停电。夜里不能够没有灯，电灯的代替品，是油灯。渝城夜市中油的灯，和电灯占同样重要的位置。当然也有以汽油灯代替的，但终究不多，聊作点缀而已。

油灯大都是陶制品，圆腹，形状像柿子而大，腹上成品字式伸出三嘴，每嘴长约寸许，各通纱带或灯草，从灯腹出灯嘴，着火作光。

因为油灯的光度太微弱，所以一个铺子里，常是悬着好几盏。任是好几盏，店堂里仍是黄澄澄作黯然无欢之色。马路上摊贩很多，也是每摊有油灯一二盏。那时候走在街上，满眼是灯，灯火闪动，有似无数顽皮小孩，正在那里扮鬼脸闪眼睛，在阴沉深远之中，别有一种妩媚的感觉。更似乎自身已失却了今生，归还了前世，悠悠如梦，领略那古代夜市的街景。所以也有一种轻淡而渺远的凄然之感。

我有些喜欢这个山城的油灯之夜。当然对此夜色，不能无黯然之思，而当时孤身远寄，对此尤不免乡愁荡漾，但是我仍不讨厌它。这里面好像孕蓄着一首绝妙的诗，一首无言之诗。在灯市中闲步，心灵间有一种诗意的幽感可得，不管这个幽感之间是否染着悽怆成分。你说一首带着些儿悽怆情调的好诗，就没有人喜欢读吗？

火给予人的感觉，是恐怖。然而不越出范围的火，就无恐怖之感。若是火之娇小玲珑者，则又令人可爱。油灯的火核，仅像一粒橄榄那么大，倘然目的在取其光为用，那是不能满足的；如今聚集了万万千千粒橄榄那么大的灯火，高下远近，散列在一条长长的深深的大街上，天上云淡星稀，地上人影拥移，倘以吟赏的心情置身其间，岂不是一种趣味吗？

请你不要向我作深切的追究。我虽然是那么说，可是你若要追问我"这种趣味在心理状态下的究竟"时，我就不能回答得十分明白。

我只能含糊地说："假使人是有时不免要对于现实发生厌倦的话，假使人的心情有时要想脱出现实羁绊的话，那渝城的油灯夜市，便能给予你一种相当于此的安慰。它把渝城白天的面目，完全改装了。它领导你的心灵，投入了另一个境界之中，使你觉得有些陌生，可是仍有些熟识，它让你走出了白天烦嚣之境，可是又不把你送得太远。它布置成功了一个幽深神秘的局面，东一簇灯火如星聚，西一堆灯光如萤散，轻淡的灯火装饰了这浓重的夜色，激发了你的沉思远想，给予你神思飞越的便利，于是你一向压在心头的现实的苦闷，似乎减轻了，似乎自身已超出这个现实环境，如今是以宾客的身份，作荣辱得失所不染的游览。"

上面的解说，有些牵强。不仅渝市如此，假使上海南京的夜市也用油灯为光，未尝不是如此。其间别有一个原因，为上海南京所不同者，则渝市是一个山城。其中万万千千盏油灯的作光，在高下远近深浅浓淡的格局上，确是别具姿态。请你闭着眼睛，以心问心，作一个幻想，在这幻想之中，你虽不能认识渝市油灯之下的夜市的情景，可是你一定能够体会到一种不平凡的局面。——因为渝市是个山城。

渝城虽说是个都市，是一个急就的都市，市容的气魄，比不了上海南京般魁伟。这也是渝市油灯夜市非上海南京可比的一个原因。恕我说一句不该说的忍心话，渝城市上不免有些颓垣残壁，这也是一种点缀，你若不反对古文，你就不能说《古文观止》里面这篇《吊古战场文》的内容写得太惨，而连带说这篇文章的不好罢？败屋加以草草修理，或废墟上新建低矮陋室，这些房屋夹杂在大街的两旁，门面敞开，屋内悬着好多盏光焰幽闪的油灯，灯光黄暗，深沉如海，黄光中店伙若干人，伏在柜上守候顾客，或正和顾客作着卖买，你说不是一种惨然的美景吗？

渝市的马路，筑在山上，这条马路高，那条马路更高。高下马路之腰部，常有小径或磴道贯通之。所以渝城走路，走大路没有穿行斜坡来得便捷。油灯之夜，大路上两旁商店里及贩摊上的油灯为数甚多，虽暗而不太暗；小路上商店少贩摊更少，油灯便少，真是暗得很了。从小路爬坡上大路，蓦然间万点灯火成阵，人影来往，车影来往，情景大不相同。小茶馆里人头攒动，如浑水内一群蝌蚪。人力车载着妖艳的女客，车夫把住车杠，向路面倾斜度较锐之处，急奔而去，越去越远，越远越暗，片刻之间，没于路下；如从天上载来仙娥，不知是谁，把她猛踢一脚，连人带车，翻堕地狱。摊贩们在路旁守着自己的孤灯，睁着眼睛等买客，灯下便是他养命的货物；摊摊连绵相接，望去好像一盏灯管着一个灵魂，无数的灵魂，伏在每盏油灯的黄暗的光圈之内。要是你那时高兴，走到扬子江畔，嘉陵江滨，或南渡到海棠溪，或北渡到江北岸，那时候请你回顾渝市，江天夜静，山城如睡，一处处高高低低远远近近之间，泄漏出几点若明欲灭的灯光来，你若会得吟诗，恐怕你便想"献丑"了！一笑。你若不怕鬼，不妨走僻径入林坡，林间枝叶轻啸，林外屋影上灯影如豆，一种冷涩空野的趣味，也足思辨。

灯市的自成一观者，在较场口。一片广场，据高临水，四周的建筑物都不甚高大，场上布置也不甚整齐。是一摊贩密聚之所。远远望去，灯光低低的好像浮着地面，密密的成为一大丛，在一大丛之间，又分出一个个浓淡互异的许多小丛来，那才好看。走到较场口，如堕入油灯之海，自己是灯海之中一只船。耳听一片卖买之声，眼看一片卖买之色，正因油灯作光之不广，使得一切声色无形中也像受着紧紧的束缚，挤的感觉倍强，灯的神秘性也倍强，说句不好听话，有若"鬼市"。说是鬼市，真有鬼呢，这种鬼都是女鬼，可以名之曰"脂粉鬼"，穿着劣质艳色的衣服，涂着质劣料重的脂粉，在黯然无神的灯光丛中，迎着路人傻笑，笑得既无缘无故，又是那么地躲躲闪闪，你说不像个鬼吗？要是你到那里而又遇到了那种鬼，请你不要吐口沫，请你躲向暗处，代这些脂粉鬼偷偷地洒几点眼泪罢！想是她们的眼泪已经哭得干，所以她们只懂笑不懂哭。

我时常在油灯之夜，走小街陋巷，去访朋友。有时朋友们不期而聚，大家守在一盏阴惨惨的油灯的微弱光圈的周围，喝喝茶，抽抽烟，你一声，我一句，谈论些上下古今，东南西北；说得高兴，纵声狂笑一阵；说得不高兴，默然相对无语；此中有一种不可得之于灯光照耀如白昼时的趣味。说得高兴的时候，不知不觉间，夜色已浓，不能不散，大家走出主人的家门，各归所归；那时候，街上店铺十九已收市，两旁贩摊也所存寥寥，如是月暗，街上简直沉静如死，朋友们在昏暗淡静之境中作别，是一种悲哀，是一种人生的悲哀。同时也是一种趣味，是一种人生的趣味。你说如今不是一个乱离之世吗？朋友们得于数千里外的他乡，巧妙地碰在一起，是偶然，偶然得何等幸运？在微弱的油灯光下聚谈，在微弱的油灯光下走散，这种境界，是值得黯然神伤的境界，可是念及相聚不易，不易而竟然相聚，那又怎得不作凄然的微笑呢？

渝城油灯之夜的足供吟味，是带着些悲剧的意味，你该是懂得悲剧之中不是绝无美妙意味的存在的，那你或许不以我这篇歌颂灯市的小文章为胡说吧？

（徐行客．山城灯市——苦行回忆录之四．春秋，1944 年第 1 卷第 9 期）

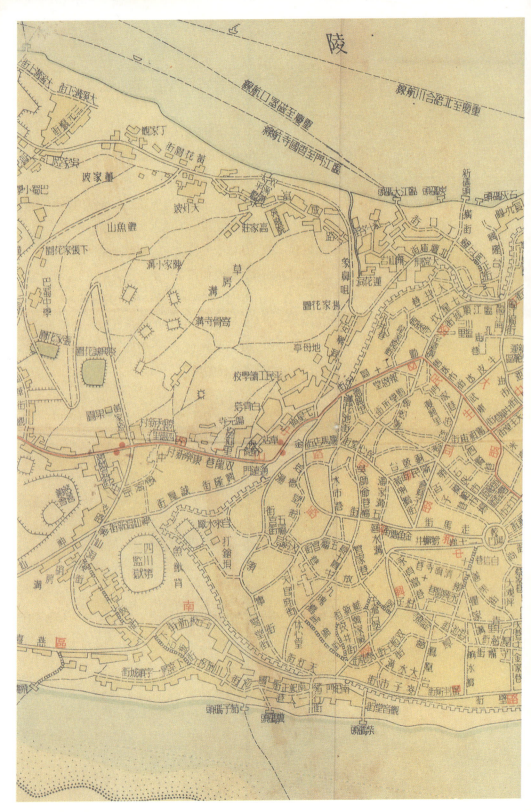

重庆市街道详图 2（1946，局部）

陪都祝胜记

▼

咸一

自从八月十日日本提出投降要求以后，一连串的好消息不断的传来，重庆每一个人心里都充满了过多的欢欣，切盼着一个表露和发泄的机会。

和平的钟声，终于在九月二日响彻了全世界，因为就在这天，日本签订了降表。

山城开始骚动了，有的地方在挂灯，有的地方在结彩，街道上熙熙攘攘，每一个人的面孔上都挂着笑容，每一个人的步伐都显得轻快，大家都准备享受三天庆祝胜利的滋味。

感谢老天盛意，三日那天气候突然转凉，正是适宜人们活动的日子，九时正，解除警报的汽笛声突然响起，跟着炮声，钟声，锣鼓声，爆竹声，面盆声，笑声，歌声……一齐大作，这一支庄严伟大的交响曲，震动了山城每一个人的心弦，八年来重庆的人们也够苦的了：生活的压迫，精神的烦闷，空袭的威胁……使得每一个人都透不过气米，现在好了，就凭着这庄严伟大的声音，一切的痛苦都解除了，从今以后，应该是我们扬眉吐气的时候了。

只要你出门一看，你就会发现一切都变了，这八年来沉着紧张的陪都，显已变成狂欢的城市：旌旗招展，万花缭乱，街头巷尾，都拥挤着人，人形成了蜿蜒的长河，更形成了汪洋的大海，这河海中，不断的涌起声色壮丽的波涛。

最伟大的场面该推较场口的祝胜会场了。广场四周，遍插同盟国旗，主席台作堡垒式，顶端有一个大型的红色 V 字，上缀无数电灯，V 字之上有一时代齿轮，中间放了一个活动的地球，不断的在旋转，上面写着"世界和平万岁"六个字……会议的程序虽然简短，但市民的欢呼，时时的间断会议的进行，当散会前群呼口号时，这广场顿成了声音之海，这很像一支歌曲的最后高潮。

接着人群都拥挤在街道的两旁，从中兴路，较场口，到都邮街，过街楼，林森路，成千成万的市民已汇成一股奔腾的长流，仅在马路中心留着几尺宽的空地，然数的眼睛齐向同一的方面渴望着，许多摄影人员占领了警察岗位，作着准备拍照的姿势……

午后，游行的行列展开了，走在最前面的是军乐队，大国旗，接着是中、美、英、苏四国国旗，然后是联合国的国旗队，世界几大领袖的肖像，荣誉军人队，出征军人家属队，后面就是盟军盟友队，化装列车队，各机关团体代表队，殿后的是神龙醒狮队。参加游行的有五万人，队伍延长到几里路之遥，最受欣赏的是化装列车，尤其是和平女神车，每到一处，欢声雷动。盟军队也是到处受人欢迎的，"顶好"的欢呼声不绝于耳，他们也频举右手用食指与中指伸成"V"字来表示答谢。观众伫立几小时，毫无倦容，他们已忘记了这八年来的痛苦，尽情的陶醉在这一生仅有一次的欢乐里。

也许是白天兴奋过度了，到了晚上，声浪渐息，街道上只有一堆堆的爆竹灰烬在彩灯的照耀下安静的铺着。天空中由探照灯构成的许多大 V 字，来往旋转，来代替人们欢呼的声音。

四日五日两天公教人员虽已恢复办公，但人们鼓舞的情绪并未稍减，到处锣鼓喧天，欢呼震地，街道上又添了许多醒狮神龙的舞动，更显得这山城的活跃。这两天的晚间，尤其令人难于遗忘，只要天一断黑，人们就拥到街上来了，有舞狮或舞龙的地方，交通就为之阻塞。舞狮的多是广东人，这是一桩非常吃力的把戏，通常由一人充狮首，一人充狮尾，中间站着一两个人，此外还有几个人在旁边打起锣鼓，这狮就按着锣鼓的音律上下跳跃；起初锣鼓慢慢的打，狮子就慢慢的舞，锣鼓渐渐的越打越急，狮子就越舞越快，到后来只见一个绿色的圆球在地上滚来滚去，等到大锣一停，舞蹈骤止，这才又显出那大虫的毛茸茸的原形来。有些广东商店把钞票一连串的系在长绳上然后高高的挂起，下面地上就置着一根细长的木椿。遇到这种场合，狮子狂舞以后，还要爬上木椿的顶点，张开大口，吞食这串钞票，这实是非常紧张而又危险的一幕。至于舞龙，那就更热闹了，龙身普通是用绸缎做的，下面支作许多木棒，再由许多人来把握这木棒，龙头的部位比较重要，一切舞龙者的动作都唯龙头是瞻，所以耍龙头的都是极富经验的壮汉，舞龙好比赛球，各人都有一定的部位，各人的动作必须配合得好，那些人应该向左，那些人应该向右，那些人应该举棒，那些人应该落棒。在舞动的进程中，都有一定的规律，丝毫不能错乱。当街旁燃放爆竹以后"神龙"就要起舞，舞得最快时，眼前只见有龙，不见人，在烟火弥漫中，那变幻，大矫的"神龙"真有飞升之概，这完全是一种力的表现，力的象征。还有一些银行从四五层的楼上发出火红的铁花，散布天空，绚烂夺目，不禁使人联想到"火树银花合"的景象来。

　　经过这三天的狂欢，山城的人的心境为之一变，以往的八年像是一场可怕的噩梦，现在梦已醒了，现时的世界里充满着和平幸福的气氛，不过我们怎样才能使这种气氛维持永久呢？那就要看我们自身怎样去努力了。

三四年九月于陪都

（咸一. 陪都祝胜记. 古今谈月刊，1945 年第 1 卷第 1 期）

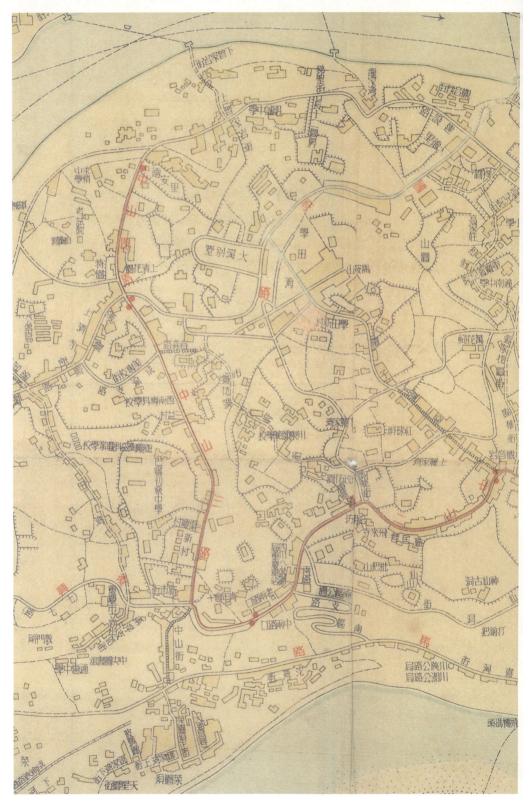

重庆市街道详图 3（1946，局部）

43

胜利之夜

▼

巴县人

　　我梦见我已回到别离了十年的江南故乡的家园中了。那小城没有一切大都市的繁华和纷扰，呈现着静谧和质朴。我似乎已踏上那条引向我家的砖砌的小街，遇见了带着浓重的乡音的乡邻，他们默然地向我抛过好奇的目光。我听见一位白发的穿蓝布衫的老人在喊了："啊，×家大阿官回来了。"他走近我，向我笑，我也向他笑。于是我跨进了我的大门，发现我在家时亲手种植的那枝黄杨树还是那末矮矮的没有成长。我又去找墙角边的花坛，花坛里却长满了野草。那些我所喜爱的月季呢？还有，最要紧的，我曾渴念了十年的母亲呢？我立刻狂奔进去，力竭声嘶地喊："妈，我回来了，我回来了！"但是里面一点声音都没有。赶忙奔进第二道门，我忽然呆住了。我的白发的祖父祖母和父母亲都那末痴痴地望着我，没有一丝表情。我流下了感伤的泪水，想跑过去拥抱他们。我一动，忽然天翻地覆地响了一声……

　　我醒了，发现自己睡着的竹床棚子已离开了竹架躺在泥土地上，竹架的两条腿跟横档脱了辐，歪歪地倒在泥墙脚边。对着昏黄的灯光，我不禁暗自失笑。我太兴奋了，兴奋得忘记了梦境和现实的距离。我追索着梦中的一切。唉，祖父，祖母，父亲，母亲，他们不是在渝陷期间因为忍受不了战争和敌伪的胁迫已先后离我而与世长逝？虽然今天终于带来了胜利的消息，虽然我的内心又燃起了回乡的希望！

我蹒跚地爬起身来，用木凳子把竹床架好，想再去追寻失去的甜蜜的幻梦，但是我也没有半丝睡意了。远处似乎还有断续的爆竹声和欢呼声，今晚不可磨灭的一幕又活生生地涌现在我的目前。

敌人投降的消息该是四点半就传到的吧。老吴从九龙坡机场回来时太阳还没落山。他兴奋地拉着我说："老×，机场美军的消息，敌军投降了，今年可以回家过年了！"我起初不相信，将信将疑地又去找别的从机场回来的朋友，结果都给我同样的回答，和同样兴高采烈的笑容。这时街上已响起了爆竹声，我怀着满腔冲溢的热情立刻拉老吴去蹓街。

"去望望疯狂了的重庆吧！"

我们跑上两路口的石级，遥遥望见中央社的大门口已挤满了黑黝黝的人群，我们也用力挤进人丛中去，看见墙上贴着一条用红墨水写成的第一道消息：

"中央社讯：据无线电广播，敌人已接受无条件投降！"

多刺激的消息啊！我们眼巴巴望了八年了，直到今天才实现了这个衷心的愿望。我该用尽力气拍手欢呼啊！但是我却偷偷地落泪了，为快乐？为心酸？我看了又看，看了又看，背后响起了一片欢呼声："好啊，好啊，东洋鬼子投降了！"

街道中的车辆增多了，尤其是美军的吉普车，坐满了疯狂的美国兵，翘起大拇指，狂呼着："顶好，顶好！"

顽童们攀上了车篷，回敬着："顶好，顶好！"

于是满街响起了密集的爆竹声，锣鼓声，呼啸声。整个重庆给翻荡起来了。这是心灵的大交流，是情感的大奔放！这样的辰光，你可以满街的狂奔，爬上任何车辆，可以怪声呼叫，没有人会把你送进疯人院去的。一个公务员模样的青年攀着一辆吉普车，向美国军用不纯粹的英语嘶哑地喊着："Victory is ours！"

我再也禁不住内心的振抖，开始伸长了手臂，站在人堆里附和着：

"啊哈，我们胜利了！"我没有喊出第二声来，眼眶里又拥满了泪水了。

　　在上清寺一家冷酒店里，我和老吴各人喝了一碗大粬酒，算是祝贺这永镌不忘的胜利日。

（巴县人. 胜利之夜. 关声，1947年第3期）

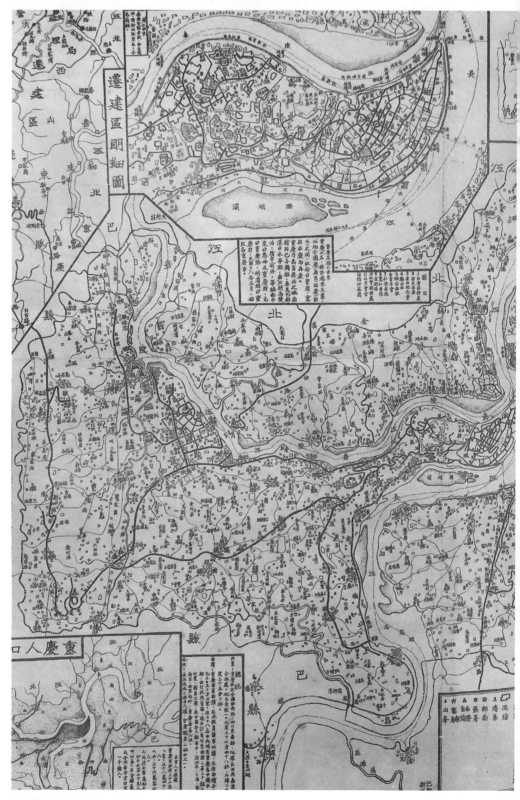

现代最新重庆市明细全图（1944，局部）

44

重庆人话 "重庆人"

▼

小舍

　　"重庆人"是上海、南京、广州、北平、天津……一个表阔气最时新的名词，它起初使许多收复区的人们热烈的歌颂着，接下来却是怨恨的咒骂着。

　　事实上能够由天上飞下来，地下钻出来，或是由水里泝过来到收复区的"人员"，他们是真崭的"重庆人"吗？不，真崭的重庆人是不够资格的。

　　在抗战时期中，各个地方到重庆来的人们，一天天多起来，造成重庆战时的繁荣。又加上国都的迁建，无形中她在政治上、军事上、经济上都为大后方唯一的重镇。虽然替我们重庆人带来了新的文物，但是同时也给我们重庆人带来重捐重税，使我们在物质一日千里的高涨的压榨下生活着。敌机于廿八至卅年的轰炸，全市百分之八十以上的房屋都被炸光。大隧道的惨案，一死数万人。今年的两江沿岸的水灾，种种的凄惨情况，一言难尽。

　　当胜利的消息到来的时候，重庆的人们兴狂的庆祝着，好似苦难就此告一段落。谁知物价惨跌，所引起的经海恐慌，商店、工厂、银行，连续的倒闭，工人失业，人心彷徨。较之上年敌人窜至贵阳时，实有过之而无不及。除少数有钱有势的以外，多大数的人们极其忧虑的等待着他或她的未来命运。

现在，政府正在准备还都，来到重庆借避难而发财的人们，满载而归，他们自称为"重庆人"，而真真的重庆人呢？还不是继续在苦难里过活哩！

（小舍．生活谈：重庆人话"重庆人"．生活知识，1945 年第 5 期）

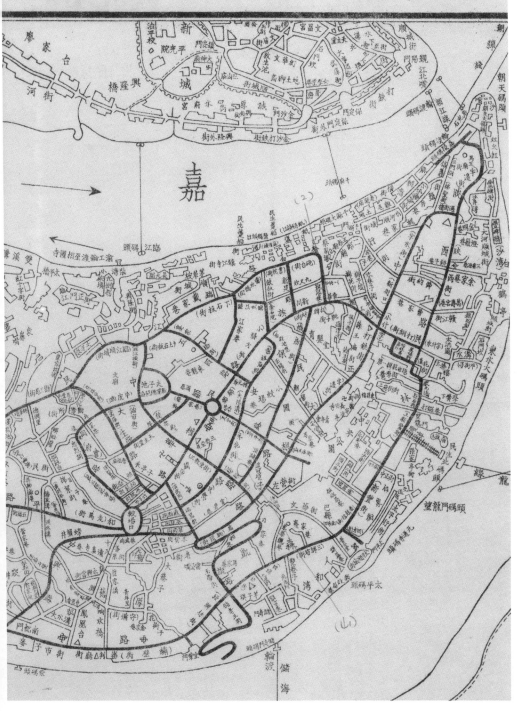

重庆市街道图（1946，局部）

忆重庆

▼

吴震

　　说起重庆，就打开了成千成万人们的回忆底箱子！在抗战时期，国府西迁，在重庆矗立起正义的纛旗，建立起光明的灯塔，筑成抗战的司令台以后，成万成亿的人们，用朝拜圣地的虔诚，献身祖国的热忱，来到这半岛型的山城！

　　虽然在初到的时候，似乎有着川人和下江人的分别，可是在敌机大轰炸的火光下，早就已经锻炼熔铸成不可分的一体了！在今天我们检讨抗战胜利中的副产品时，这融合各省人民的感情和语言，实在是最重要收获之一。

　　在抗战时期，重庆成了成千成万流浪人们的第二故乡！虽然在复员命令之下，许多人离开了重庆，可是那嘉陵江边的月色，歌乐山上的清风，朝天门的石阶，七星岗的陡坡，南温泉的幽丽，北温泉的洁净，龙门浩的骑马，香国寺的卖渡，珊瑚坝飞机接送，化龙桥马车往返，……点点滴滴，全成了回忆箱中的珠宝，时时刻刻的闪耀着！

"蓝布衫，胶底鞋"

重庆虽然是四川的商业重镇，可是人民是朴实的，没有一点都市奢华的恶习。抗战时期，政治中心移到重庆，那朴实的风气也依然存在。在衣着方面，男的一袭长衫，或公务员的一身布中山装，就是婚丧吊庆的大礼服了；女的差不多以"蓝布衫（就是阴丹士林作的旗袍）和胶底鞋，"（就是橡胶底的女力士鞋）为标准。倘若穿了一件花布旗袍，那已经是非常华贵的了……三十二年以后，下江人的海派作风，由香港传染到桂林、昆明，最后也风靡重庆，于是"蓝布衫、胶底鞋"变成了历史上的名词了。

"豆花开堂"和"毛肚开堂"

重庆的吃，说起来好像比成都略逊一筹，其实她的美好是不下于成都的！久华园的香酥鸭子、鲫鱼面，想起来就叫人流口涎。灯笼巷的担担面和馄饨，真正是平民化的美味小吃！小什字日升斋的桃片，香甜酥脆，价廉物美！磁器口的小花生，名传遐迩；重庆在胜利前，据说有六十七家"三六九"，可是仍然家家客满！上清寺的"五味和"，真是眼看他由一个卖卤鸭肫肝的小摊子，变到三开间门面，门庭若市的！在吃的方面，我问过许多到过重庆的下江人！"在吃的方面，你怀念重庆的是什么？"答案的百分之八十，是"炒米糖开水！"我起初很惊讶，为什么担担面会落选！后来才晓得这和在北平住过的人怀念那黑夜一声"硬面饽饽！"是一个道理！还有百分之十五的答案是"豆花饭"，这是无疑问的，"炒米糖开水"不能作饭吃！豆花饭是真正代表大多数平民的"饭"！其余的百分之十四才轮到担担面！而那百分之一，却是我个人最喜欢的"毛肚火锅"。

在北平吃涮羊肉锅，是把羊肉、羊脑、羊肝、羊血……由盘里放到火锅的沸汤里，再拿出来放在自己调和好了的"佐料"里。而重庆的毛肚火锅却不同了！她是先把一切"佐料"放在火锅里煮沸，再把毛肚、脑花、脊髓，……放到锅里。这两种吃法是截然不同的！各有千秋！尤其是毛肚火锅，吃大曲，配上又热又辣的毛肚，无论天气多么冷，一定会满头大汗的！我在重庆，在热天找那块"豆花开堂"的牌子，在冷天我就找"毛肚开堂"的牌子，最头痛的一块牌子，就是"毕"了！

竹筋水泥布景房

重庆的房子，在小什字、机房街、都邮街、打铜街一带，是不下于上海、天津、北平、广州、青岛的！但是在抗战的时候，敌机狂轰的结果，只剩下盐业银行大楼、中国银行大楼、交通银行大楼了！人口愈来愈多，房子愈炸愈少！于是乎，"竹筋水泥布景房"就应运而生了！四川产竹，于是栋、梁、柱、椽，全有了，六根粗竹竿，插在地上，就是六根柱，每两柱之间再用细竹篾作绳，把梁、椽一一捆扎，用粗竹篾编好墙，墙里外，用水和泥，完全涂满，外面上黑灰色粉浆，屋内用白粉浆一粉刷，这一所房子就像电影布景式的，搭盖完成了！

有许多人笑话这种布景房子，但是如果没有这样，既便当，又便宜的房子，人民住的问题更严重了！因为这个既便当，又便宜是房子的特点，所以我在重庆的房子就题额曰："两便书屋"！客人们还以为我是指"主客两便"的意思呢？

"候轮子"

等公共汽车，乘客们排队，按照先来后到的秩序，依次上车，实在是重庆最先实行，也实行的最彻底！在最起初实行的时候，重庆公共汽车管理处，在各站添设十五公尺长的狭长木台，并且有两个宪兵来维持秩序！逐渐的，人们习惯了，自然而然的排下去了！在星期日的上清寺，有时会由上清寺一直排到转湾，甚至于排到大田湾，国府路！在这个时候，曾家岩车场，就会加派"上清寺专车"了！公共汽车要排队，买电影票、平价米、平价油、平价糖、平价布一样也要排队，不过秩序方面仍旧是公共汽车最好！排队是下江人说的！重庆人们叫作"候轮子"！或"站轮子"！拿这不停的人潮，比作不息的轮子，的确是最好的比喻！

那时候的公务员说："顿顿平价米，处处候轮子！"这两句话，可以选作最好的写照！因为它把一切全包括进去了！

重庆的行，小汽车是凤毛麟角，非大官豪富不能坐。平民们只有公共汽车和人力车了！公共汽车的"候轮子"，虽然很伤脑筋！可是坐人力车（重庆人叫"车子"）也是危险万状！绝非上海黄包车、天津胶皮、北平洋车，坐的舒适而放心！车子一过七星岗，只见车夫身悬半空，两个脚尖，似点地，非点地，似即若离的划动，车子就像顺流而下的一叶扁舟，迅速的滑了下去！这在重庆叫作"飞车"！有时因为车夫身体悬空过高，车子来一个"打天秤"，请乘客从后面下车！有时候，车夫一时收脚不住，如同一支离弦的箭，一直射出，非至人仰马翻，不会停住！不过车夫们很讲道理，如果你由七星岗雇车到都邮街，那一定很便宜，反过来就贵了！因为去是下坡路，回来是上坡路！

提起重庆的坡和石阶，那真是交通上的大阻碍，而国内第一个交通缆车，却是重庆的望龙门的码头缆车！由龙门浩过江，轮渡到了望龙门码头，可以不必一阶一阶的爬上来，坐了缆车，四十五度上升，和电梯的滋味绝对不同！可惜缆车成本太贵，不能普遍设立，所以朝天门、临江门、牛角沱、……各码头、张家花园、凯旋路，仍旧要爬坡，除非你有钱坐"滑竿"！（就是两个人抬一个人的轿子！）说起"滑竿"，在抗战初期，还是重庆主要城市交通工具之一，可是公共汽车，和人力车的增加，才使"滑竿"变成专门爬坡的交通工具！

"大锣帮腔看川戏"

讲到娱乐，重庆的电影院并不少，尤其国泰电影院的建筑，搬到上海来也不寒伧！在抗战时期，重庆人虽然没有看过费文丽的《乱世佳人》（即 *Gone with the Wind*），可是许多影片，在重庆老早看过了，现在才在上海公映！央格里褒曼和贾利古柏主演的《战地钟声》，到现在上海还没有上演！可是在重庆早演过了！

话剧更不用说，重庆是抗战时期话剧界的根据地，第一流编剧家、导演和演员，轮流上演名剧，剧校的《哈孟雷特》，曹禺主演的《安魂曲》，贺孟斧导演的《风雪夜归人》，金山主演的《屈原》，……全是话剧史上最主要的一页，到现在还令人追忆无已！

川剧在不懂四川话的人们看起来，也许没有意思，可是在你懂四川话之后去看，立刻你可以看出她的伟大了！《赠绨袍》戏中的对白，比马连良的《舌战群儒》《清官册》等"白口戏"紧凑得多，词句和对口也都精彩非凡！至于那大而音调深沉的大锣，和那一唱百诺的帮腔，更是一个地方色彩，浓郁的表现！

京剧方面有赵荣琛、厉家班，在抗战时期，也是重庆娱乐界的泰斗！

（吴震. 忆重庆. 生活，1946 年第 2 期）

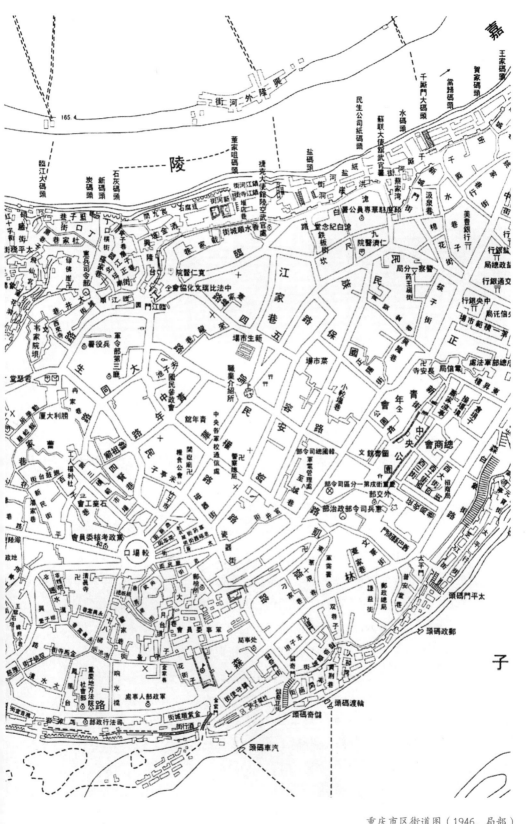

重庆市区街道图（1946，局部）

重庆的茶馆

▼

柯槐青

在重庆整整生活了八年，别的对于我都没有什么好感，惟有重庆的茶馆却使我念念不忘，连做梦的时候都想着它。

真的，那茶馆实在是太好了，疏疏落落地摆着几张白木桌子和几条长凳，靠墙壁的地方，摆着许多竹靠椅，当你走进茶馆的时候，你可任意捡一个好位子，悠然地往椅上一躺，叫声茶来，于是那头缠白布，身穿粗蓝布的"么四"（即堂倌）就很快地替你递上一碗绿悠悠的茶，随着又替你送上一盆葵花子，或者南瓜子，这时你一面喝茶，一面嗑着南瓜子，听茶客们摆着"龙门阵"，那滋味真像一匹拉车的马突然卸去了重载，慢步在碧绿的草原上，四肢百骸，没有一个地方不感到舒畅和松快。

除此，还有两件好处：假如你是不爱吸卷烟而爱抽两口水烟的，那末那儿就有卖水烟的人，他手上拿着一支奇形怪状的水烟袋，那水烟袋的嘴足有二市尺长，他可以站在离你半码地的地方，将烟袋塞进你的嘴里，然后用他那非常快捷的手，替你装烟替你点火，你不必动一下手脚，就能舒舒服服地抽几袋烟。另一件好处，就是当你疲倦得要死的时候，你可以把双眼一合，呼呼地睡他一觉，任你睡多少时候，么四是不会来干涉你的，花费不多，而你不但有喝的吃的，而且还有睡的，世间再也没有比这更便宜的事了。

喝茶，已成为重庆一般人例行的公事，公务员下了办公厅，工人们走出了工厂，挑担的挑痛了肩膀，还有一些饱食无事的小有闲阶级者，他们每天都得向这儿集中，这是劳动者的休憩所，也是懒人的天堂，一到夏天，茶馆的生意更兴隆起来，因为重庆没有老虎灶，烧水喝，一方面受到时间的限制，一方面燃料太贵，同时公务员们大都独身的多，没有人给他烧水，在炎炎烈日下，水分不够供给，大家都不得不向这儿来要求补充，以满足生理上的需求。

重庆的茶馆真多得骇人！满街满巷都是，真有"五步一亭，十步一楼"之概，虽然茶馆的设备是那样简陋，环境是那样不卫生，但人们依然趋之若鹜，问题是它能够使你懒散懒散，自由自在地伸展一下手脚，同时它底售价又适合一般平民经济水准之故。

有一些开设在江边码头上和市场汇合的地方的茶馆，茶客们中，有些目的并不是去喝茶，而是去谈生意的，如某人到了一批货色需要在这儿抛售，于是就跑到茶馆里去坐下，使一个眼色，就有买主们向你坐拢来，当买主们看了你底货样，问明你底数量后，就开始向你问价钱了，这时你千万别用嘴回答他，你伸出你底右手，插进对方的袖管里，如果你这货物需要卖五万元的话，那末你就伸出五个指头在对方的手背上摸一下，当然，这时他所回答你的亦是指头，但没有你的多，不是两个，就是三个，这时你再缩回一个，他又伸出一个，这样交易就成交了，他们这么一摸一索，旁人是没法知道的，所以一个初去重庆的下江人，骤然看到这情形，真像丈二和尚摸不着头路，不知他们在干什么玩意儿哩？

"喝茶！"在重庆并不是个完全坏的名词，固然，两个人为了某种纠纷，彼此的胸头怀着憎恨，不妨愤愤地说："我们喝茶去！"可是两个知心的朋友偶然在路上遇见了，也往往这样说："我们喝碗茶去。"所以重庆的茶馆是有着两面性的，可以从那儿看到人们大打出手，亦可以从那儿看到人们蜜语喁喁，那儿有"恨"的火并，亦有"爱"的交流。

我是个穷措大，又过着刻板的公务员生活，一天到晚，得不到一点精神与物质上的安慰，无已，也只有坐茶馆了，日子一久，居然嗜茶成癖。可是这穷人的乐园，当一叶扁舟到达宜昌以下的时候，就很少看见了。当茶瘾大发特发的时候，回忆山城那些平民化的富有中古世纪风味的茶馆，不由神魂向往感慨系之！

　　唉！别了，重庆！别了，重庆的茶馆！

（柯槐青. 重庆的茶馆. 礼拜六，1946 年第 23 期）

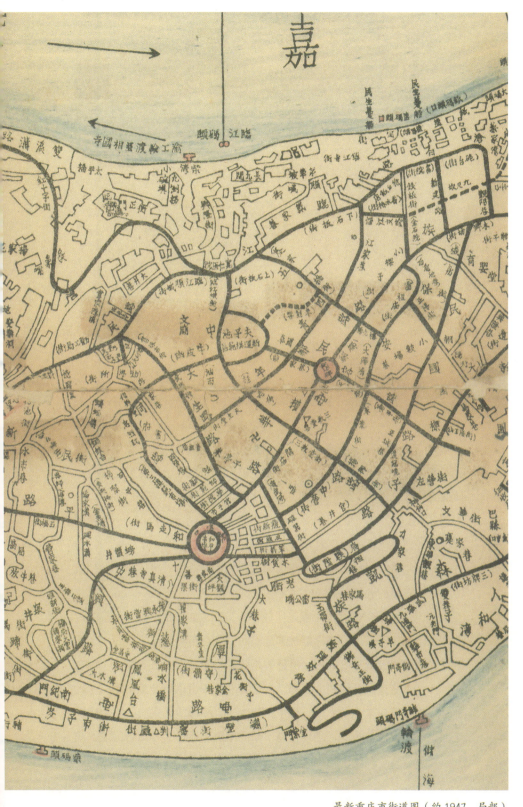

最新重庆市街道图（约 1947，局部）

复员后的重庆

▼

张畅心

重庆，这战时的司令塔，许多许多人的第二故乡，是不会轻易的被遗忘的。

大部分的人，在意念着重庆已经失去了他的黄金时代而衰退的，失其重要性了，当然，这是很正确的——国民政府已代之以主席行辕，市政府真正成为这里最高行政机关，卫戍司令部早已变为警备司令部，街上巡逻宪兵也已减少，人们对中央部会的尊严感已逐日升高……一切的作为表现都证明重庆业已地方化了。

这地方化了的重庆，有些地方是值得人们怀念的。可不是？这较低的物价，温暖的天气，安静的山坡……

而且，内战对这儿的影响是比较小些，外地传来足以掀风作浪的政治波潮也很少。……每当你经过通远门时，便会听到琅琅的錾石声，这声音代表建设，而不是毁灭。所錾的是陪都去年计划的三大建设工程之一！——大隧道。其他两大工程下水道和北区干道也已开工多时；这时都足以表现重庆未来的幸福。但也正因为这许多原故，重庆的虚荣面也更加繁茂。餐厅、舞厅、剧场，是不断的增加和改进，各商店门前的戏曲小调是尽量的诱揽着顾客，若干越禁得严越罕贵的正当或不正当的奢侈享受品，都似越平常或越为人们所向往的普遍着。这些情形在资本主义论者的经济学者看来，正是欲望的提高，更大繁荣的开始，社会的进步。

可是，你若丢开一切成见到大街道以外的地方去看看那些滚着乞求的残废人，哀求十块钱的老者，瘦得像狗一样卧着或翻着垃圾堆的孩子，……你会禁不住回头对那些高耸如云的大厦巨楼和那些悠乐的红男绿女皱皱眉头。你会对那些为争着背一个小孩爬上几百步码头石阶以获得两百元收入而打架的贫儿们寄予一点儿怜恤。你也会不奇怪现在卖一千八一斤的猪肉五个月前只卖七百块，而四个月前从七星岗到过街楼一段四百元的人力车费一直保持到现在没有涨变。

比这种劳力贬值更值得忧虑的，是文化结晶的贬值，重庆的新闻界现在都陷入坚苦挣扎的环境中；早在经济紧急措施方案公布前黄金跳跃到最高峰的前后，好多资本情形和历史较差的报纸都跌倒了，现仍存在的这些报纸在那时就增加报费，由一百到三百，但是成本仍然太高，于是紧缩员工开支（不加薪），以致一个担任采编工作人员的月入，大多只能抵上一个小学教员，乃或不及，并且有些报馆还一闹几个月发不出钱，报社的老板们天天为赔累的数字苦恼着。这都不说，一般人比论物价高涨或某项物品便宜时都会说："你看，一份报纸都要三百块钱！"报纸对人们的需要已经列入平常藉以消遣的吃烟喝茶之类去，这样演进的结果，一定会逼使新闻界日趋贫弱乃至一蹶不振。而整个的社会也定因而更疏远公平、正义。

各书店里很难摆出一本有价值的书，比较正派一点的杂志的售出，也要仰靠面子和祈求，文化结晶已贬值到最低度。

然而，一个个青年学生却在书店里付出巨额的代价换出一本本公式化的教科书；这可笑？！可叹？！可悲？！可喜！？

重庆就是这个样子。

五，二十九夜于南岸

（张畅心. 复员后的重庆. 现代，1947年第1期）

重庆市区街道图 2（1946，局部）

忆重庆·念北碚

——记在后方母校的四年兼课生活

▼

舒宗侨

　　离开重庆三年了，今天又想到重庆，想到北碚；在北碚母校兼课的一段生活，尤其特别值得回味。

　　三十年冬天，我在重庆主持扫荡报的编务，奉南开校长与望道先生之命，到母校新闻学系兼课。说来这真是一份苦差事。报馆编辑工作，每晚弄到早晨四五点才睡觉，七点钟就要站在李子坝马路边恭候校车的大驾。两三个钟头的睡眠，谈不到疲劳的恢复，就是能够早睡也睡不着，所以一大清早起来怪不是味儿，眼睛里血丝发红，不断的打着呵欠。校车远远的来了，是从城里开出来，天哪，满满的一车，能够有站的地方已经是很客气，你还想坐吗？不要忙，这仅仅是旅程的起点，重庆离北碚有一百多里，李子坝还是在市区的边缘以内。好，你慢慢数吧，化龙桥，小龙坎，歌乐山……一车子人就像货物一样，东倒西歪，七上八下。过了歌乐山的高坡，路程才仅仅走了三分之一，歌乐山到青木关又是三分之一，沿路都有先生和同学上来，尤其是青木关和歇马场，这儿机关学校多，很多人在复旦兼课。他们到这时候，也早在路边恭候如仪。一上来看见我们一个个满身尘埃，精神萎靡，彼此来个会心的微笑，不认识的心里也许要冒出一种无名的怨火，"这么一车子人，你还挤上来干嘛？"要过了歇马场，人们急躁的心情才能平静下来——北碚已经在望了。这时大约是快下午一点钟了。

人们下了车，拍灰的拍灰，揩眼镜的揩眼镜，小解的小解，叹气的叹气，大家各有一种不同的尴尬情态。

从重庆到北碚，有水陆两条路，水路是上水，早晨五点钟就开船，下午三四点钟才得到，费时劳神，从重庆到北碚的人，除本地生意人外，多半是喜欢坐车，而从北碚回重庆，是下水，船快而平稳舒适，大家又多愿意坐船。

学校在北碚的夏坝，要跨过嘉陵江。对于一个过着夜生活的我，每到北碚，看到满街的学生，浓厚乡村味的市场，碧绿的嘉陵江水，咳呀，哦哟的拉纤者的呼喊声，夏坝河边的绿树成荫，以及坐在河边石头上的双双情侣，给自己已增加不少新鲜的感觉，所以到北碚去上课，在身体上是一件负担，在精神上又何尝不是一种享受？

假使在北碚的这一夜，真正能够得到睡眠的话，我很喜欢一大清早到农场上去散步，去呼吸些新些空气，去后山上兜圈子，有时兜到寒冰先生的墓地上去，又不免要发生一种哀思。

平常我在北碚只能逗留一晚，联来带去照讲要上十二个钟头的课，因此下车不等着吃好饭休息一会儿就要上课，从两点钟到六点钟，一连不断的四小时，这真要颜色看。

在夏坝的几年，先生与同学们好像是一个大家庭（到上海来以后，又好像分了家），不到五里路的一个村镇上，这一二千人总是时时容易碰面，天大的秘密，被揭开后五分钟可以传遍全校，同学们也都热诚好动，尤其新闻学系的同学，话剧、平剧、演说、课外活动，人才辈出。可是，他们不能原谅你，在你五六个钟头的汽车劳顿，四小时的讲课之后，还得拉得你报告新闻，讲时事，参加晚会、做评论，总要弄到十一二点钟才能放手。我因为两星期才去一次学校（大致兼任的多两周去一次，马虎点的一学期也只去两三次），一有机会，便愿意多和同学在一起。我教的是新闻采访和新闻编辑，应多与同学在一块儿，师长严肃面孔，在新闻学系中，不是十二分重要的。

在某一点来看，从重庆到北碚母校上课，的确是一个享受，民国廿八九年我也到过北碚，那时学校中心在黄桷树，教室宿舍全是借用乡下简陋的庙堂和农民的房屋，那年校友节，无论学校方面怎样布置、安排、点缀，那付十足的几百年没有变动过的乡村景况，总是掩盖不了的，矮下的房屋，歪得几乎要倒，光线暗淡，地面潮湿，尽管女同学把房间布置得整整齐齐，铺上白布卧单，放着鲜花，而原始乡村的本色，却还是依然如故。卅一年我再到学校的时候，夏坝的新校舍已经落成，同学们已经搬进新造的宿舍，教室也宽大得多。我们兼课的，如果不愿住学校，在学校吃"八宝饭"（平价米），可以住在兼善公寓，在兼善餐厅吃饭。此外，夏坝的几家面馆的排骨面，是我常常要在上课前后抢着去吃的。

一学期中总有一两次要到距离母校十里的北温泉去玩，我喜欢走过那长约二三里的桑树林再去坐船，我喜欢站在北温泉高高的崖头俯瞰嘉陵江过往的船只，我喜欢站在游泳池的泉口让泉水冲激，此外像住在××屡听夜雨的淅沥声音，早晨看满山遍野的云雾，甚至偶尔去听"汉洗"的嗡嗡发叫的声，这都给我以极深的印象。

在夏坝的几年，我的感觉是学生与学生间，学生与先生间，先生与先生间，并没有隔阂与鸿沟的存在，打架争吵的事也有，还不像今天这样容易造成纷争，彼此间的感情，也都还相当融洽。记得我结婚的时候，同学们生活那样艰苦，全系还联合送了我一个小银盾和一面锦旗，于右任、邵力子两位老先生证婚，章校长、吴校长特为从北碚赶到重庆来为我的介绍人，望道先生又做了我的主婚人，太太又是复旦校友，这真是一门复旦的婚事。后来我和太太一同回到复旦，同学们又一道举行一个联欢会，他们张灯结彩，把一间大教室布置得红红绿绿喜气洋洋，比我城里的新房还要热闹，门上贴着"新闻府喜事"，窗子上尽是剪的喜字，茶点糖果摆了一室，全系一百多位师牛都要表演，他们那种喜欢热闹的劲儿，真是怪有意思。

在北碚的生活，也并不是完全都是那么甜美的，待遇的菲薄，生活的简陋，物价的压迫，都是同学与先生每个人感到严重的问题。就说"八宝饭"吧，有一次我正上着课，忽然感到肚痛，找了一位同学陪我到校医室检查，说是盲肠炎，急急忙跑过江，到江苏医学院去准备开刀，那知住了一晚并不是盲肠炎。可是盲肠炎是师生间患着最多的病，医院每天都有人开刀，都是因为吃多了"八宝饭"。有一次冬天，我住在一位同学的宿舍里，天还未亮他便起身，我问他这么早你起来干什么？他说"去吃早饭"，原来八宝饭也要去抢的，去迟了便没得吃，在夏坝也常常招待同学吃馆子，每次我总是叫红烧肉，大蹄膀，我知道只有这些菜才配他们的胃口。

在夏坝上课，先后四年，每两周去一次，除少数时间外，可以说是风雨无阻，这四年之中，使我不能忘记的是三个"馆"，便是茶馆，青年馆，新闻馆。

北碚除偶尔有话剧电影外，日常没有多少消遣，住惯了北碚的人，又懒得跑北温泉，大家最普遍的享受便是坐茶馆，尤其在夏天，在江边上靠着竹靠椅，二三友好，天南地北，让嘉陵江上的微风吹拂着，倒也怪有味儿，路过的先生同学参加者越聚越多，有时从二三人聚到二三十人，围了一个大圈子，好在茶钱还便易，惠惠茶资，也并不伤胃。

青年馆为青年团所建立，主持者为陈晁德先生，陈先生我们常常在过江时看到他和那位实中出身的船老板娘在码头上，过江摆渡也是青年团的事业之一。有一次学校招待兼任教授的房间已经"客满"，无处可住，招待先生的好意让我住在青年馆的一间客房里，那天我恰巧接到太太从重庆打来的电话，说是"病重"，想第二天早晨一大早赶回重庆，可是这一晚在青年馆的日子，却是难过，几乎一分钟都捱不过去。原来这晚臭虫向我施行总体战，帐子上，卧单上，熙熙攘攘，来往穿梭进袭，我用自备的卧单把身体包住，臭虫还是成把的往里钻，从床上搬到地板上睡，也未能得片刻的安枕。这时还只有一两点钟，距离天亮还有三四个钟头，我只有在那茫茫的黑夜跑到露天底下去散步，走走看看表，走走看看表，等候着天明。这一夜的罪，使我永远忘记不了青年馆，也永远忘记不了兼任教授的味道。酸甜苦辣，都要给你尝尝，这大概也是其中之一了。

三十三年的夏天，新闻学系师生发起筹建新闻馆，靠了大家的努力，邵力子，钱新之几位先生的热诚帮助，陈望道主任的主持筹划，学校的协助，居然募了一百多万元，在该年秋冬建造完工。事先我也参预计划，如编辑柜，印刷房，资料室，都是我们参加设计的。系友们从此也都有了自己上课，休息，读书的地方，我们除每个人有办公的地方之外，最满意的还是兼任先生从此有了暂时睡觉的地方，被盖清洁无比，上面还做了一个大火把的系徽，从此我们也不再每两礼拜送到青年馆和兼任教授宿舍去喂臭虫，这真是一件快事。

日子过得真快，记得坐在茶馆里大家盘算着如何打发长夜漫漫的抗战日子，一切历历如在目前。三年前一阵胜利的风，吹得夏坝的先生同学们眉笑眼开，大家都准备胜利还乡，荣归故里，北碚的那些支持再支持，忍耐再忍耐的先生同学们，那个不是兴高采烈的把东西丢的丢，卖的卖，预备回到江湾来过舒服日子。两年前邵力子先生夫妇和章校长到我家里，看见我已经有了三个孩子，说政府应当奖励，而邵先生不晓得我现在已经快要是五个孩子的爸爸，正弄得龇牙裂嘴，目瞪口呆，想想那还是在重庆的日子好过。

从重庆回来的人，不一定想念重庆，但到过北碚的人，大都要想念北碚。我希望不久可以重游北碚，只要招待者不先预备好臭虫的话，我想是值得再去的。

（舒宗侨. 忆重庆·念北碚：记在后方母校的四年兼课生活. 复旦同学会会刊，1948年13卷第3期）

重庆市全图（1948，局部）

谢谢重庆

▼

丰子恺

胜利前一年，民国三十三年的中秋，我住在重庆沙坪坝的"抗建式"小屋内。当夜月明如昼，我家大团聚。我庆喜之余，饮酒大醉，没有赏月就酣睡了。次晨醒来，在枕上填一曲打油词。其词曰：

> 七载飘零久。喜中秋巴山客里，全家聚首。去日孩童皆长大，添得娇儿一口。都会得奉觞进酒。今夜月明人尽望，但团圆骨肉几家有？天于我，相当厚。
>
> 故园焦土蹂躏后。幸联军痛饮黄龙，快到时候。来日盟机千万架，扫荡中原暴寇。便还我河山依旧。漫卷诗书归去也，问群儿恋此山城否？言未毕，齐摇手。（贺新源）

我向不填词，这首打油词，全是偶然游戏；况且后半部分夸口狂言，火气十足，也不过是"抗战八股"之一种而已，本来不值得提及。岂知第二年的中秋，我国果然胜利。我这夸口狂言竟成了预言（只是"盟机千万架"应改"两枚原子弹"而已）。我高兴得很，三十四年八月十日后数天内，用宣纸写这首词，写了不少张，分送亲友，为胜利助喜。自己留下一张，贴在室内壁上，天天观赏。

起初看看壁上的词，读读后面一段，觉得心情痛快。后来越读越不快了。过了几个月，我把这张字条撕去，不要再看了！为什么原故呢？因为最后几句，与事实渐渐发生冲突，使我读了觉得难以为情。

最后几句是："漫卷诗书归去也，问群儿恋此山城否？言未毕，齐摇手。"岂知胜利后数月内，那些接收的情形，物价的飞涨，交通的困难，以及国共的消息，把胜利的欢喜消除殆尽。我不卷诗书，无法归去；而群儿都说："还是重庆好。"在这种情况之下，我重读那几句词句，觉得无以为颜。我只得苦笑着说，我填错了词，应该说"言未毕，齐点首。"

做人倘全为实利打算，我是最应该不复员而长作重庆人的。因为一者，我的故乡石门湾，二十六年冬天就被敌人的炮火改成一片焦土。我的缘缘堂以及其他几间老屋和市房，全部不存，我已无家可归。而在重庆的沙坪坝，倒有自建的几间"抗建式"小屋，可蔽风雨。二者，我因为身体不好，没有担任公教职员，多年来闲居在重庆沙坪坝的小屋里，没有职业的牵累，全无急急复员的必要。我在重庆，在上海，一样地是一个闲人。何必攒进忙人里去赶热闹呢？三者，我的子女当时已有三个人成长，都在重庆当公教人员。他们没有家室，又不要担负父母的生活，所得报酬，尽可买书买物，从容自给。况且四川教育当局曾有布告，欢迎下江教师留渝，报酬特别优厚。为他们计，也何必辛苦地回到"人浮于事"的下江去另找饭碗呢？——从上述这三点打算，我家是最不应该复员而最应该长作重庆人的。我逃难中曾写过一张画，题曰"青天白日下，到处可为乡。"这时候我正应该躬行这句话了。

不知道一种什么力，终于使我厌弃重庆，而心向杭州。不知道一种什么心理，使我决然地舍弃了沙坪坝的衽席之安，而走上东归的崎岖之路。明知道今后衣食住行，要受一切的困苦；明知道此次复员，等于再逃一次难；然而大家情愿受苦，情愿逃难，拼命要回到杭州。这是什么原故？自己也不知道。想来想去，大约是"做人不能全为实利打算"的原故罢。全为实利打算，换言之，就是只要便宜。充其极端，做人全无感情，全无义气，全无趣味，而人就变成枯燥、死板、冷酷、无情的一种动物。这就不是"生活"，而仅是一种"生存"了。古人有警句云："不为无益之事，何以遣有涯之生？"（清项忆云语）。这句话看似翻案好奇，却含有人生的至理。无益之事，就是不为利害打算的事，就是由感情、意气、趣味的要求而做的事。我的去重庆而返杭州，正是感情、意气、趣味的要求，正是所谓"无益之事"。我有幸有这一类的事，才能排遣我这"有涯之生"。

"漫卷诗书归去也，问群儿恋此山城否？言未毕，齐摇手。"其实并非厌恶这山城，只是感情、意气、趣味，所发生的豪语而已。凡人都爱故乡。外国语有 Nostalgia 一语，译曰"怀乡病"。中国古代诗文中，此病尤为流行。"去国怀乡"，自古叹为不幸。今后世界交通便捷，人的生活流动，"乡"的一个观念势必逐渐淡薄，而终至于消灭；到处为家，根本无所谓"故乡"。然而我们的血管里，还保留着不少"怀乡病"的细菌。故客居他乡，往往要发牢骚，无病呻吟。尤其是像我这样，被敌人的炮火所逼，放逐到重庆来的人，发点牢骚，正是有病呻吟。岂料呻吟之后，病居然好了，十年不得归去的故乡，居然有一天可以让我归去了！因此上，不管故园已成焦土，不管交通如何困难，不管下江生活如何昂贵，我一定要辞别重庆，遄返江南。

重庆的临去秋波，非常可爱！那正是清和的四月，我卖脱了沙坪坝的小屋，迁居到城里凯旋路来等候归舟。凯旋路这名词已经够好了，何况这房子站在山坡上，开窗俯瞰嘉陵江，对岸遥望海棠溪。水光山色，悦目赏心。晴明的重庆，不复有警报的哭声，但闻"炒米糖开水"，"盐茶鸡蛋"的节奏的叫唱。这真是一个可留连的地方。可惜如马一浮先生赠诗所说："清和四月巴山路，定有行人忆六桥。"我苦忆六桥，不得不离开这清和四月的巴山而回到杭州去。临别满怀感谢之情！数年来全靠这山城的庇护，使我不致被发左衽。谢谢重庆！

三十六年元日脱稿

（丰子恺. 重庆漫笔：谢谢重庆. 新重庆，1947 年创刊号）

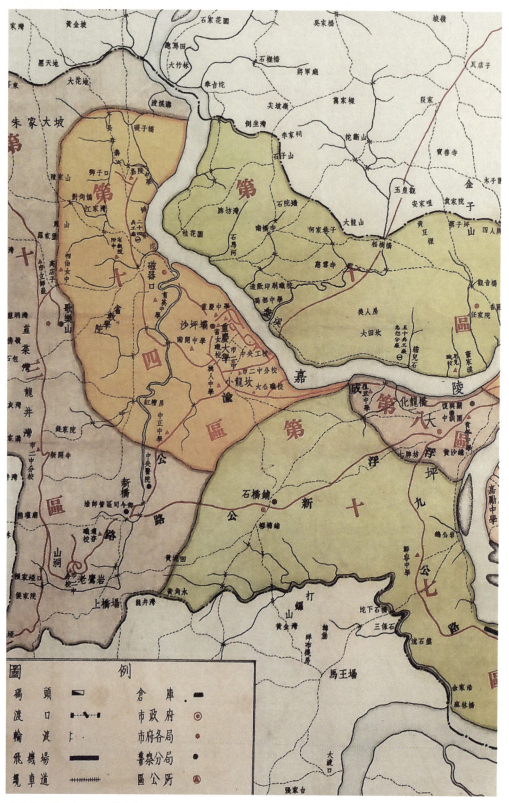

重庆市全图2（1948，局部）

新重庆建设与新时代

▼

朱家骅

　　四川都市，成渝并称。前者为川西重镇，后者为川东枢纽，古代之巴蜀即以此二都会为中心。然稽之往史，成都之重要实远过于重庆。古代政治经济重心在陕西渭河流域，秦自关中南略巴蜀，首先开发川西，兴都江堰水利，而以成都为蜀中首府。后世因之，凡据西南与中原抗衡者，莫不以成都为根据。唐安禄山之乱，玄宗幸蜀，亦以成都为行都，其时重庆之地位固不逮远甚。盖成都附近平原坦广，民殷物富，天府之国，形胜之区，非处川东丘陵地之山城重庆所可比拟。

　　但今日之重庆已后来居上，超越成都而为西南首要都市。考其缘由，实时代推移所赐。其间递变之际，可别为三阶段。

　　一、唐宋以降中国之政治经济重心，自关中逐渐移至长江下流。长江水道交通日益发达，三峡成为四川对外要道。成都长安间之陆道降为辅助路线。因此成都渐形偏僻，而重庆则扼长江嘉陵交汇之口，源远流长，成为蜀中天然门户，商旅辐凑，百货云集，已非山城地形所能限制，故渐兴而为四川一大商业中心。

　　二、清末海禁大开，中日马关条约明定重庆为商埠。川江轮航试行成功，重庆对外交通大便，商务蒸蒸日上。贸边所及，包括四川及滇、黔、康、藏、秦、陇各地之广大区域。洋货土产，荟萃于斯。其对外贸易数量，常占全川百分之八十以上。陆道交通受兹刺激，成渝、川黔、川湘、汉渝诸公路相继完成，其控扼地区，益形广阔。四川省府虽仍治成都，然四川之经济重心实已移至重庆。抗战军兴，国府西迁，不择成都而驻节于重庆者，厥因在此。

三、抗战时间，随政府之西移，机关、学校、工厂纷集重庆。重庆更由一单纯之商业都市，兼为全国政治经济文化中心，人口激增至百余万，而为后方之最大都会矣。

综上所述，重庆之发达，实应时代之需要。抗战胜利后，国府东归，各机关、工厂、学校亦多复员离渝，市容稍衰，忧心者以为重庆之黄金时期业已过去，今后将日趋冷落，回复廿六年前之情况。此殊不然。新时代所赋予重庆之使命正大，其发展之机会实方兴未艾。兹列其理由如次：

一、重庆之交通地位，极称优越。近为川康二省之天然门户，远为西南西北之联络枢纽。自印度北往西伯利亚之陆道，受西藏高原之阻障，亦以绕道重庆为最便捷。异日西南铁道网完成，成渝、天成、川黔、川汉各路通车，重庆将成为中国西部最大之陆道交通中心。按萨凡奇氏之三峡工程计划，宜昌大水闸建设结果，川江滩险，尽化平夷，万吨海轮，直航重庆。重庆由河港进为海港，在水道交通上亦将起一大革命。又今日之世界交通，逐渐步入空运时代。重庆在往日，固深藏内陆，不当世界要道，然在空运时代，则形势丕变。自伦敦莫斯科至澳洲之航空路线，如取最短之大圆线飞行，重庆适居中枢。此横贯东半球之航空线一旦开辟，重庆当成为世界大航空站之一。陆水空交通如尽量发展，行见轮轨交错，机翼蔽空，重庆必能跻于世界大都会之列。

二、重庆附近资源，蕴藏甚丰，綦江之铁，嘉陵江之煤，均为西南有数大矿。煤铁取用两便，抗战期间，钢铁工业已具雏型，战后如能肆力经营，极易发展为中国西部重工业之中心。昔日西南人民所消费之纱布，多远道轮自长江下游，然长江下游人工昂贵，制品成本甚高，西南人民实无力多量购买。抗战期间，重庆已近采陕鄂棉花，以其廉价劳力制造，畅销西南市场，故其轻工业发展之希望亦甚大。将来能由消费性的政治商业都市进为生产性的工业都市，则其繁荣必数倍于今日。

三、充分之电力供应为发展大都市之一重要条件。过去重庆电力设备不足，居民固感不便，而各种建设进行，尤深受阻扼。但瞻望将来，川东诸河流水力，如能充分开发，重庆用电，实不成问题。尤其三峡工程一旦完成，则利用长江水力，可发电一千万瓦，其临近诸大都市中，重庆相距最近，取给最便，工业及居民用电，均无虞匮乏，此于新重庆之建设，帮助至大。

总之，新时代中重庆发展之希望极大。新重庆之建设应与新时代之需要相配合，方足以不负其时代之使命。

民国卅六年三月于南京

（朱家骅. 新重庆建设与新时代. 新重庆，1947 年第 1 卷第 3 期）

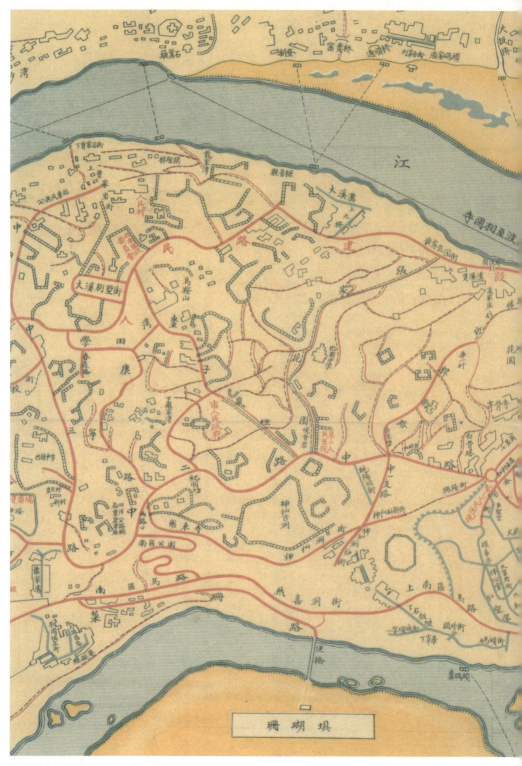

最新重庆街道图（1951，局部）

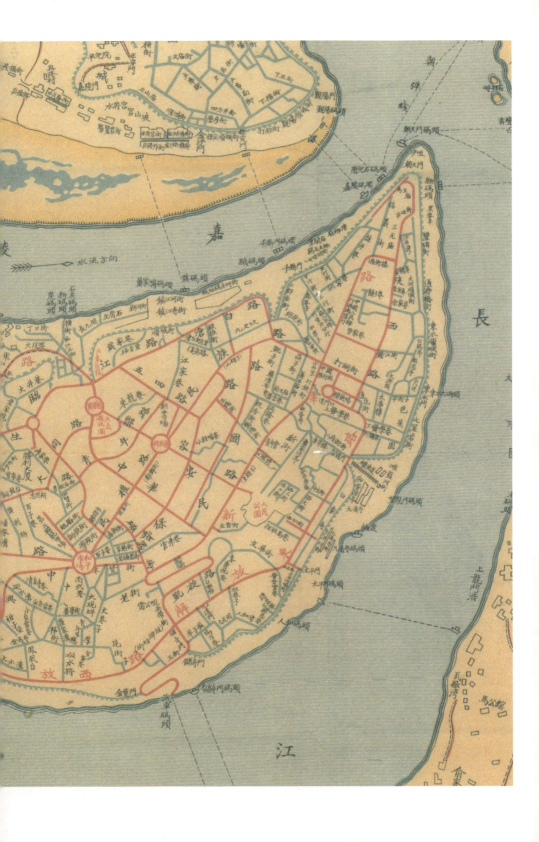

▼

Expansion of Chungking

Chungking stands on the threshold of[1] phenomenal expansion today. Negotiations for the demarcation of its boundary from the rest of Szechuen Province have already passed the preliminary stage[2] and soon the city will become three times bigger on the map.

Despite the frequent aerial bombings, the city is seriously considering[3] the spending of $10,000,000 on a round-the-city road to be built over a period of three years. It is going to be a difficult engineering project. Hillsides have to be cut to make way for the road, which will be above the highest water level on record. Then, at different places, an embankment has to be built across deep dales to a height of[4] some 60 feet.

At present, Chungking's waterfront is the slum area[5] where dwell the city's poor. When the round-the-city boulevard appears, motorcars and buses can travel on it. There may be tramcars too.

Another project is to blast an underground tunnel[6] to link the central and southern sections of the city. About one kilometer long, the subway will save both time and money for motor traffic and pedestrians, because today the only way is to follow the long winding main road. The estimated cost is $960,000. The tunnel can be used as a bomb-proof dugout[7] during air raids. It is expected to accommodate 100 heavy trucks and 10,000 people at a time. If actual digging is begun at three places simultaneously, the whole subway could be completed within six months, it is said.

Another task which will be carried over to the next year is the building of small suburb centers in accordance with the general decentralization plan[8] which was adopted following the disastrous May. bombings. Several suitable sites have been located, and a loan of $3,000,000 has been secured from Chinese banks. Four such towns will be laid out during the first period, to be followed by eight more afterwards. All houses will be built, either by the people or by the municipal government, according to a general plan. In every town a park or an athletic ground will constitute the center with residences, shops, factories and warehouses around it.

Chungking's importance as a transportation center[9] between the northwest and the southwest is increasing. The present ferry service will be improved. Then, in the city itself, the numerous lanes, each 15 meters in width, are being conveyed into roads. At various places, in the city several small parks are being laid out.

For the current year[10], Chungking's budget[11] will reach $3,300,000. Its distribution is as follows: 32.08 percent for public safety, 25.60 percent for reconstruction or public works, 11 percent for social, cultural and educational enterprises[12], and 31.32 percent for financial administration and public health grants to various hospitals in the city.

注：1.on the threshold of 开端　　　　2.preliminary stage 初步阶段

　　　3.Seriously Considering 郑重考虑 4. to a height of 高达

　　　5.slum area 贫民区　　　　　　6.underground tunnel 地道

　　　7.bomb-proof dugout 防空壕　　8.decentralization plan 疏散人口计划

　　　9.transportation center 交通中心 10.current year 本年

　　　11.budget 预算　　　　　　　　12.enterprises 事业

（英文知识，1940 年第 35 期）

The Urban Geography of Chungking

R.S.Chen

Since 1937, Chungking has been the capital of China, the center of national activities. It is now undergoing changes that promise greatly to alter its appearance. The paper gives a geographical study of the changing city.

The city is situated at the point of confluence of the Yangtze and Kialing Rivers in the eastern Szechwan. Facilitated by water communication, it has a strategic position and a commercial prosperity unparalleled in the present China.

The city stretches on a peninsula between the rivers and has hilly outlook and a vertical settlement. It consists of three levels: The "Upper City", the "Lower City" and the River-side Markets. The difference of altitude between the upper settlement and the River-Side Markets usually invaded by river flood in summer is 100 meters. The city wall, running along the border of shore cliffs irregular in contour and in height, was constructed in about 245 B.C., and was repaired and extended from time to time. The wall had seventeen gates, of which only nine were always open to traffic. Owing to the recent rebuilding of streets, wharfs and landing steps, most of the city gates were demolished during the last five years.

Before the year 1927, there was not a single motor road in this hilly city. Buildings were densely crowded and streets extremely narrow. All the lanes and streets were paved with limestone slabs, and were built in accord with the topography. The move of the National Government from Nanking to the city has caused an impetuous reconstruction in various aspects. Now there are within the municipal area 34km of high roads and twenty times many motor-cars in the pre-war period. The subsidiary communicational instruments are sedan-chairs and jinrikishas on the land, and sampans and boats on the river.

The building materials are mainly, bamboo, mats, wood and thatch or wood, plaster and tile. The most peculiar building huts are along the river banks. These huts move up and down seasonally in accord with the rising and descending of river level. These bamboo houses are easily kindled when destructive fires have been broken out in the poorer quarters. A big fire was caused by bombing of Japanese Airplanes on the night of May 4, 1939, thousands were killed or injured, and some 100,000 people so estimated were made homeless.

Geologically speaking, Chungking is situated in synclinal basin. The hills consist of rocks of strata of Cretaccous sandstone and shale. Into these rocks Air-raid shelters or tunnels were dug. Now there are 1,482 dugouts or shelters altogether capable of holding 400,000 people. The Grand Tunnel in the city center, holding 50,000, is believed to be the biggest single shelter in the world.

The city is rather limited in space and hence densely crowded by houses. Nevertheless the city grows in spite of this. The first stage of outward development was to the south shore on the other side of Yangtze and the Kiangpei, north of the Kialing River. Since 1927, the building of new roads outside the Tung Yuan Gate has brought remarkable changes to the feature of western suburbs. Large houses or block of modern apartments have been erected along the new roads. Single houses developed into villages, and villages into towns. The city area is so enlarged that now 328 sq.km of land and of water area is under the municipal administration of the Greater Chungking.

In 1937, when the municipal area was 93.5 sq. km, the urban population was 474,000. The city proper, with an area of only 4 sq. km contains a population of 260,000 and reaches the density of 65,000 per sq. km, a figure which surpasses that of Manhattan Island in New York. The influx of government official and hundred thousands of people evacuated from the war zone further increased the population. Now the Greater Chungking has a population of 890,000. But due to the summer air-raid, there is an annual decrease of the city center population in that season when most of the towns-people move out to suburb regions. The distribution of population is: 23% in the city proper, 18% in the New Quarter(immediately outside the Tung Yuan Gate, 18% in the South Shore, 15% in Kiangpei, 23% in the western suburbs, and 1% on the boats. Government officers, workers and miners form the majority about 200,000, which is thirty times the pre-war figure. Most of them are not native people but newcomers.

Chungking is expected to contain ten planned quarters:

(1) The Port Quarter—The South Shore and northern bank of the Yangtze River.

(2) The Commercial Quarter—The city proper.

(3) The Administrative Quarter—The near suburbs outside the Tung Yuan Gate, such as Shang Ching Ssu, Fu Hsing Kuan.

(4) The Industrial Quarter—Along the banks of the Kialing River.

(5) The Residential Quarter—The western suburbs, The city of Kiangpei, and the South Shore.

(6) The Cultural Quarter—The university town of Shapingpa.

(7) The Recreation Quarter—Ko Lo Shan and Nan Shan.

(8) The Bamboo-Huts Quarter—Along the riversides.

(9) The Cemetery Quarter—The barren hills in Kiangpei and South Shore.

(10) The Rural Quarter—Those countries which are not yet urbanized.

(Chen, *R.S.THE URBAN GEOGRAPHY OF CHUNGKING*. 地理学报, 1943 年第 10 期)

On Leaving Chungking

BY JOHN BLOFELD

Almost everyone in Chungking who is not a native of Szechuan is constantly asking "When shall we be able to go home?" "Home" may be Shanghai, Peiping, Canton or even London, but the feeling is the same. Nevertheless, *when the moment of departure comes,[1] some of us will feel our pleasure marred[2] by the same sensation that one has on saying goodbye to an old friend.

No one can say that Chungking is a beautiful or even a comfortable city, but time will soften[3] the memory of the hardships we have endured and leave us, perhaps, with memories not altogether unpleasant. After all, we owe a lot to Chungking and to the Szechuanese.[4] As city after city fell to the enemy, the resources of Free China became more and more limited and the burden on the people have *become correspondingly heavier.[5] The Szechuanese have borne this burden for years, patiently and without allowing their expectation of an Allied victory to waver.[6]Refugees[7] pouring into the province, first from the east and then from *Kweilin and Kweiyang, [8] added to the congestion[9] and discomfort with which the local inhabitants had to *put up.[10] Sometimes, some of us, who had not given enough thought to the matter, spoke of Szechuan *in disparaging terms,[11] which was *by no means[12] pleasant for the local inhabitants if they happened to overhear. We did not always remember that Szechuan and the neighbouring provinces of West China were like an island of refuge in a stormy sea. The eastern provinces were lost, and to the south, Indo-China, Malaya and Burma were captured *in turn[13] by the enemy. At one time, even India was threatened. Then came the fall of Kweilin and the threat to Kweiyang. Chungking, which had already been bombed out of existence and risen again from its own ashes, appeared to be cut off completedy from the rest of the world, but the loyalty of its inhabitants remained firm. Tens of thousands of refugees lived on the produce of the patient toil of the Szechuanese farmers and sheltered under the roofs of Szechuanese homes. China's debt to this province should ever be remembered. The neighbouring provinces of Kweichow and Yunnan[14] are not blessed with great fertility[15] and after the loss of the rice-producing areas in Hunan,[16] it was fertile Szechuan which saved us from starvation and surrender.

Even the hardships which we have endured have their amusing and pleasant side. When we wander through the well-stocked bookshops of Shanghai and Peiping, we shall have affectionate memories of the times when we *combed the length and breadth of Chungking [17]for a second-hand copy of some book which we particularly needed. When we send the servant to the door to call a taxi, we shall think of the days when we were glad to get on a Chungking bus without having to wait half an hour, even if it meant standing *in a closely packed mass of humanity[18] all the way from the ferry to *Shang Ching Ssu.[19]Those of us who return to England with its* rationing system still in force,[20] will think longingly of the flesh-pots[21] of Chungking, where food was always plentiful—if a trifle expensive!

Besides, we can curse the climate of Chungking and the awful steps,[22] covered with mud and a source of constant danger, but we cannot fail to recognize the beauty of the natural surroundings. The *North Hot Springs[23] and the *miniature gorges[24] above and below Peipei,[25] *Wang Shan[26] with its spring blossoms and its swimming pools, the beautiful, feathery bamboos and the incredible green of the rice-fields, these are all subjects for the poet or the painter. With better communications, modern hotels and fine buildings (all of which will become possible in the future), Chungking may even aspire[27] to be a *beauty spot[28] which will attract the air-tourists[29] of the future.

Is it too much to say that the *Pacific War[30] was won, not only on the battle-fields of Okinawa[31] and *Iwo Jima,[32] but in the rice-fields of Szechuan?

---

[1] 到了临去之时。

[2] 损伤；破坏。

[3] 缓和。

[4] 四川人。

[5] 随之而更重。

[6] 动摇。

[7] 难民。

[8] 桂林和贵阳。

[9] 充血。

[10] 受忍（加 with 用）。

[11] 用贬抑（或轻蔑）的话。

[12] 决不。

[13] 一个一个地。

[14] 云南。

[15] 富裕。

[16] 湖南。

[17] 在重庆到处寻找。

[18] 挤在一大堆人中间。

[19] 上清寺（重庆地名）。

[20] 定量分配的办法还在实行。

[21] 肉碗。

[22] 石级。

[23] 北温泉。

[24] 小三峡。

[25] 北碚。

[26] 汪山。

[27] 希望。

[28] 美景之区。

[29] 用飞机旅行者。

[30] 太平洋战争。

[31] 冲绳岛。

[32] 硫磺岛。

你将如何？

倘若你住在重庆，

2016 年 7 月的一天傍晚，我参加《新周刊》创刊二十周年在重庆举行的文化沙龙活动。活动地点在渝中区中山四路的精典书店。书店门口有一张灰蓝色的海报，上面除了相关的文字信息，是长江索道缆车和渝中半岛高楼林立的远景。进入书店，我有点诧异，不大的讲堂里挤满了各种各样的年轻人。参加讨论的人有《新周刊》的两位编辑，还有《火锅英雄》的一位演员以及一位专栏作家。是关于重庆城的话题，讲者的多元性，还是网络的推广吸引了年轻人？

《新周刊》提出的"城市的魔幻与日常"是个创意话题。魔幻和日常是极端差异的状态，它们可以是一体的两面吗？重庆可以兼有魔幻和日常的状态吗？《新周刊》发起这个议题，意味着设题者的一种潜在认识。我大略还记得当时发言的关键词是"城市的焦虑"，谈到重庆城在现代化过程中高度的"身份焦虑"。和其他城市一样，重庆必须走上充满竞争的现代化道路，却又要面对日渐消失的传统，直面原有历史、地理、社会过程中地方特色的消失。

　　真正的特色是具体社会过程中创造性的实践，是长时间积累的差异性实践；当下的一些状况是，为了在快速的变化中不失去曾经的文化特色，为了获得身份认同，为了在快速的变化中"治疗焦虑"，往往把过去的某些特点符号化和物象化——生产"表面的特色"已然成为一种"特色"。这种情况不是孤例。法国哲学家列斐伏尔曾经说"人们常常使用'深层法国'指那些落后的角落：偏僻的村庄，冻结在古风中的小镇，这不奇怪吗？这种法国特性是过时的、陈旧的。但是，这种法国特性在电视上、在报纸杂志上，却是高贵的……对于所谓'深层法国'来讲，包装它的正是与它的体制一样发展迟缓的思想观念"[1]。复杂山地地理、多样社会人群构成、特殊历史进程构成"历史重庆"的特性，也许是设题者构想的"魔幻"，更多显现在与平原城市不同的地形高低起伏差异中，显现在建筑与大地连接的各种令人惊讶的差异中，体现在可以隔江看到一座展开的城，密密细细的光亮的、晦暗不明的、败落的楼参差其中的城；也体现在黄桷树下、在街边、在梯坎下小店里的河水豆花、回锅肉、麻辣烫、毛血旺等的日常餐食里。你生活在这座城越久——如果你还在其他城市待过一段时间的话，就可以在比较中列举出更多的"重庆特性"。然而"历史重庆"的特性正在远去，这座城市正在经历着现代化发展的竞争（以经济竞争为基本）和身份认同的焦虑与煎熬之中。作为名词的"魔幻"

---

[1] 亨利·列斐伏尔，日常生活批判（第三卷），北京：社会科学文献出版社，2018 年，592 页。

是被发明出来的魔幻,特性悄悄地存在于日常之中,之前的日常(从观念、社会到物质的日常)却在快速改变。

　　哲学家葛兰西曾经说过,存在着两种哲学。一种是词语的哲学,一种是生活的哲学。葛兰西想表达的是,哲学应从真实的生活中产生而不是词语(一些哲学家是生活在词语中的哲学家)。地理学家大卫·哈维多次在他的文章中引用古罗马的谚语"面包没有了,马戏成功了",用来说明在现代城市治理的过程中,如词语的宣传、某处奇观的开发等吸引了眼球(马戏成功了),但实质性的改进却没有进展(面包没有了)。借用葛兰西和哈维的论述,我们也许也可以说,存在着两种都市。一种是词语的都市,一种是生活的都市。今天诸多要害问题中的一种,是词语的都市掩盖了生活的都市,以至于使我们成为"盲人",看不到真实世界的人。"词语"是个指代,既是词与字,也是表象。"魔幻"即是其中的一词。今天在各种大众媒体、网络空间中的重庆,有许多是"魔幻"化的重庆,是词语的重庆,概念化的重庆。

　　每一个城市都是真实的城,活生生的城。理解城市的方式有许多种,其中的一种,是把抽象之城与具体之城结合起来,把词语之城与生活之城结合起来。在城市中生活,在生活中体验(以减少深陷于词语之城的可能),又要思辨,要超越城市的空间界限和诸般限制(以免于现象的堆积)。《100像》和《五十章》写与编的出发点,大概在于此。希望通过历史文献、图像、影像等的钩沉和整理,提供面貌更加具体和丰富的"历史重庆",以避免虚空的想象。我尽可能提供书中的图像、影像、文献资料的出处,但仍然有少数图片因是过去十多年间收集的,难以落实具体出处,只有等以后进一步确认。

"倘若你住在重庆"借用了《五十章》里一章的标题。倘若你住在重庆，你将如何？这是一个有着各种答案的问题。抗战时期丰子恺在重庆沙坪坝住了很长一段时间，战后回到杭州写了《谢谢重庆》。有人说，这篇文章的重点在从"漫卷诗书归去也，问群儿恋此山城否？言未毕，齐摇手"到"还是重庆好"到"谢谢重庆"。我倒以为不是。丰子恺谢谢重庆，是因为这个城市在危难之时收留了他，重庆和他的人生有了一段时期的共轨。丰子恺更想说的是，"想来想去，大约是'做人不能全为实利打算'的缘故吧。全为实利打算，换言之，就是只要便宜。充其极端，做人全无感情，全无意气，全无趣味，而人就变成枯燥、死板、冷酷、无情的一种动物。这就不是'生活'，而仅是一种'生存'了。古人有警句云：'不为无益之事，何以遣有涯之生？'（清项忆云语）这句话看似翻案好奇，却含有人生的至理。无益之事，就是不为利害打算的事，就是由感情、意气、趣味的要求而做的事。"——我很是喜欢丰子恺的这一小段话。如果要问我，"倘若你住在重庆，你将如何？"我的回答会是，"为无益之事，以遣有涯之生"——研究重庆城的历史是其中必要的一部分。

　　最后，仍然要谢谢琳和宽。和你们在一起是安慰和快乐。

五十章　文字空间中的重庆城（晚清—民国）　杨宇振编

重庆大学出版社

重庆是生动活泼的城……我的目的在于通过历史文字的编汇，用鸟瞰和游荡的方式，和《100像》一起，重建一座面貌丰富的想象之城。这当然是一种不能实现的野心，却是值得做的事情。《五十章》里各章间插入了尽可能与选编文字相应时期的重庆城历史地图。我期待读者在阅读各章时，能够文字与地图对应，建构自己的想象之城，游荡在地图里的街道中，去感受彼时城市的这样或那样的状态。